慎海雄 主编

當代嶺南文化名家

DANGDAI LINGNAN WENHUA MINGJIA

关山月

关坚 关怡 编著

SPM 南方出版传媒 广东人民出版社
·广州·

图书在版编目（CIP）数据

当代岭南文化名家·关山月／关坚，关怡编著．—广州：广东人民出版社，2018.2（2023.1重印）

（当代岭南文化名家）

ISBN 978-7-218-12147-5

Ⅰ.①当… Ⅱ.①关… ②关… Ⅲ.①文艺—作品综合集—广东省—当代 ②中国画—作品集—中国—现代 Ⅳ.①I218.65

中国版本图书馆CIP数据核字（2017）第256013号

DANGDAI LINGNAN WENHUA MINGJIA · GUAN SHANYUE

当代岭南文化名家·关山月

关坚 关怡 编著

出版人：肖风华

责任编辑：林 冕 沈晓鸣 刘 奎

责任技编：吴彦斌 周星奎

装帧设计：书窗设计 赵焜森／钟清／张雪烽

出版发行：广东人民出版社

地　　址：广州市大沙头四马路10号（邮政编码：510199）

电　　话：（020）85716809（总编室）

传　　真：（020）83289585

网　　址：http://www.gdpph.com

印　　刷：三河市同力彩印有限公司

开　　本：787毫米×1092毫米 1/16

印　　张：18.625　插　页：12　字　数：288千

版　　次：2018年2月第1版

印　　次：2023年1月第2次印刷

定　　价：98.00元

如发现印装质量问题，影响阅读，请与出版社（020-85716808）联系调换。

售书热线：（020）87716172

前言

五岭之南的广东，人杰地灵，物丰民慧。自秦汉始，便是沟通中外的重要门户，海上丝绸之路即发祥于此。近代以来，中国遭遇外来侵略，一批有识之士求索救国图强，广东成为民主革命的策源地。进入20世纪70年代，广东敢为天下先，以杀出一条血路的气魄，成为改革开放的前沿地。钟灵毓秀，得天独厚，哺育出灿若星辰的杰出人物，也孕育出独树一帜的岭南文化。谦逊、务实、勤勉的广东人，用他们的智慧和力量，悄然推动着中国历史的进程，也赋予了岭南文化不拘一格、不定一尊、不守一隅的丰富内涵和特质，成为中华文化的瑰宝。

改革开放大潮涌起珠江，广东的经济社会发展取得了巨大成就，涌现出一大批德艺双馨的文化名家，在文学、音乐、美术、建筑等众多领域取得开拓性成就，岭南文化绽放出鲜明的时代亮色。今天，我们又面临一个新的、更大的历史机遇——实现中华民族伟大复兴的中国梦。习近平总书记在文艺工作座谈会上指出，实现中华民族伟大复兴需要中华文化繁荣兴盛。广东如何响应要求，创作无愧于时代的优秀作品？省委常委、宣传部部长慎海雄同志就此提出，要按照中央和省委省政府部署，大力推动文化创新，打造岭南文化高地，打造一批弘扬中国精神，具有中国风骨、岭南风格、世界风尚的精品力作，形成一支规模宏大、门类齐全、结构合理的“文化粤军”，并主持策划了《当代岭南文化名家》大型丛书。

记录当代，以启后人。本丛书以人物（文化名家）为线索，旨在为当代岭南文化名家提供一个集体亮相的舞台，展现名家风采，引导读者品鉴文艺名作，深切体悟当代岭南文化的独特魅力，提升广东民众的文化自信和地域认同，弘扬新时期的广东精神，为广东全面建成小康社会、书写中国梦的广东篇章提供源源不断的文化驱动力。

为此，我们从文学、绘画、雕塑、音乐、舞蹈、戏曲、影视、新闻出版、工艺美术、非遗传承等领域，遴选出一批贡献卓著、影响广泛的广东文化名家。他们之中，既有土生土长的“邑人”，也有长期在广东生活、工作的“寓贤”。我们为每位名家出版一种图书，内容包括名家传略、众说名家（或对话名家）和名家作品三大篇章，读者可由此了解文化名家的生平事功、思想轨迹、创作理念、审美取向和艺术造诣等。同时，我们将结合多媒体技术，在视频制作、名家专题片、影音资料库和新媒体推广等方面大胆创新，多形式、多渠道地向读者提供新鲜的阅读体验。

我们深信，当代岭南文化名家丰富的文化实践，一定会编织出一幅底蕴深厚、内容丰富、精彩纷呈的文化长卷，它必将成为一份具有重要历史和现实意义的文化积累，价值非凡，传之久远。

《当代岭南文化名家》丛书编委会

2016年6月

◎ 关山月

关山月，著名国画家，美术教育家。1912年9月生于广东阳江，1933年毕业于广州市立师范学校，1935年入“春睡画院”随高剑父先生学画。1939年在澳门、香港、桂林、贵阳、成都、重庆等地举办“抗战画展”。1943年沿河西走廊深入敦煌研究、临摹古代壁画，而后到南洋等地写生，深入生活，进行创作。1949年任广州市立艺专中国画科主任教授。

新中国成立后，历任华南文艺学院教授兼美术部副部长；中南美专副校长兼附中校长；广州美术学院副院长兼中国画系主任教授。曾任中国美术家协会副主席、广东省美术家协会主席、广东画院院长、广州美术学院终身教授、全国人大代表。

1959年应国家要求与傅抱石先生为北京人民大会堂合作《江山如此多娇》。1973年创作《绿色长城》，被中国美术馆收藏。1982年国画《俏不争春》被日本《读卖新闻》评为世界名画。1994年为中南海紫光阁创作《轻舟已过万重山》，为全国政协礼堂创作《黄河魂》。

目录

第一篇

关山月传略

关坚　关怡

第一章　灾难之年

关山月原名关泽霈，乳名应新，字子云。后来恩师高剑父给他改名为关山月。1912年10月25日（农历九月十六日），出生于广东省阳江县埠场镇那蓬乡果园村，时值辛亥革命的第二年。他的父亲关籍农是乡村小学教师，为儿子起了个适时的乳名“应新”。

关山月的祖父关鹤俦，是清朝拔贡，家里有十多亩田产，还有一个带花园的小书斋，园内种有梅、兰、竹和荔枝等果树。园门口挂着一副竹刻的对联：“为室困树，补层牵萝”。果园村18户都是贫困人家，关山月出生时，家道也日渐衰败，只剩下几亩薄田。全家人靠父亲教书维持生活。

关山月母亲娘家在阳江县织篢山区的一个小山村，6岁就被父母卖给人家做婢女，十多年后，好心的关籍农把她讨回来做小老婆。母亲苦难的经历，在关山月幼小的心灵里留下深刻的烙印，并萌生了“一定要学好本领，为母亲争口气”的思想。

关山月6岁开始在家乡的“九乡私塾”读了两年书，九乡私塾于1922年改名关村小学，1924年父亲关籍农曾任过校长。

关山月1983年在《我与国画》一文中回忆道：“我从童年开始就喜爱涂鸦。”“我喜欢边玩边画，拾起碎瓦片，捡来木炭柴就在晒谷场地上画起来。”他每年最盼的是过年，因为可以用邻居家门前贴的春联红纸浸水，做成画画用的红颜料。

虽然父亲反对关山月学画，但只字不识的母亲却偷偷支持他学画，从山上摘来黄栀子，给他做黄颜料。有时，母亲上山砍柴去卖，换回一点钱便买回一两刀竹纸，给儿子画画。

关山月在父亲任教的阳西溪头中心小学读一、二年级，校园里的几十棵白梅，都是父子俩亲手接枝培植的。能吟诗作对、善画梅兰竹菊的父亲经常带着关山月，陪同老师、友人赏梅，有时还摘一小枝梅花给关山月玩，但他却把花带回家，关着房门偷偷描画至深夜。因此，幼年的关山月就与梅结下不解之缘。父亲还常帮人画扇面、帐眉，这也成了他学画的一个好机会。

父亲还规定他每天做完功课后，还要背读唐诗或对上对联才准去玩，但他常常没有去玩，而是躲在房间里，埋头学画。20世纪20年代，大人的香烟盒里的美术片、中秋月饼盒上印的嫦娥美女图和农村家门口贴的门神画，都是关山月的画谱。

关山月第一次在学校里见到彩色的中国分省地图时，就花了很长时间把它临摹下来，没钱买颜料，就想办法自制，把水瓜叶扭出的汁做绿色颜料用，把山上采来的黄栀子制成黄色颜料，把瓦片磨成粉末替代褐色颜料，用对联纸来泡水，又有了红色，一幅彩色的地图就这样被他完成了。

关山月6岁那年清明节，跟着家人去扫墓。回来时，村边小河正值涨潮，因河上没有桥，矮小的关山月走下河去，不料两脚一陷就沉下去了。幸亏当时有人下去把他捞起来，这才没有被淹死。后来父亲出资在河上架了一座石板桥，为村里做了一件好事。但关山月再也不敢去河里玩耍了，而他没有学会游泳却成了他心中一件憾事。

10岁时，关山月跟着父亲转去阳西的织篢小学（现在的奋兴中学）就读三、四年级。一次和同学一起在书贩那里买了本《芥子园画谱》，回家后临摹画谱上的画贴在墙上自我欣赏，这就是他在小学里最难忘的一件事。

后来，父亲失业了，为儿子申请了公尝资助的学费，让关山月到离家十多里路的平岗圩平岗小学读五、六年级，住在祖父家里。假期，他就回家做帮工，还跟堂叔和哥哥学会了画炭相，乡亲们见关山月画得好就送来画具，请他按旧照片放大画祖先像。父亲也开始让他帮忙画扇面。看到儿子画的梅花时说：“不像小孩子画的。”这就是当时父亲对儿子最大的鼓舞。

关山月小学毕业后考进阳江县立师范学校读免费的初中，因没钱在学校寄宿搭食，只好住在用“公尝”盖的关屋公馆里。每逢周六晚上，他就回家挑柴米出来，交一点菜金，自己煮饭吃。有一次没钱交菜金，只好把家里的铜锣拿去当，才解决了伙食费。

1930年夏天，关山月初级师范毕业后，同时考上了三所学校，他高兴地将三张录取通知书交给父亲，父亲说：“就读广州市立师范学校吧！”关山月明白，读师范是免费的，而他心仪的美术学校每学期的学费就要几十元，失业的父亲是不可能支付得起这昂贵的学费的。另一个是警官学校，他更不喜欢。揣着一肚子苦闷的关山月，也只好“儿从父命”了。

关山月虽然读不了美术学校，但是广州城里的许多裱画店却成了他免费的“美术学堂”。他第一次看到高剑父老师的画，就是在西湖路的裱画铺的墙上，画的是一幅气势逼人的苍鹰兀立在巨石上，让他产生了一种“拜高剑父老师为师学画”的念头。而后他还从报纸上得知，高剑父、陈树人、高奇峰曾是辛亥革命早期孙中山创立的同盟会成员，他们提出中国画要反映生活，表现新时代，提倡“新国画运动”。高剑父在谈到他的新国画观时说：“我的艺术思想手段，不是要打倒古人，推翻古人，消灭古人。是想取古人之长，舍古人之短，所谓师学舍短，弃其不合现代的、不合理的东西。是以历史的遗传与世界现代学术合一之研究，更吸取各国古今绘画的特长，作为自己的营养，使成为自己的血肉，造成我国现代绘画的新生命。”“要创造新兴的中国画，时代的中国画，革命的中国画。”在这时期，关山月吸收了很多艺术革新的新思想。

关山月在广州市立师范学校就读时，始终不改对画画的热爱。二年级时，他画了一幅人物画《抗日将领马占山》和几幅花鸟写生画参加学校校庆画展。他还利用假期回家乡阳江，以“子云”为笔名举办了个人画展，有宣传抗日题材的作品和花鸟写生画。他还用一块大白布画了一幅抗战宣传画《来一个杀一个》，横挂在当时阳江城最热闹的南恩路上。1933年，学校安排他们毕业前到江浙一带考察教育。关山月在苏州虎丘山写生时，有一对外国夫妇要买他的画，关山月却说：“如果你们喜欢，就送给你们。”外国夫妇连声道谢。就这样，签有关山月名字的画作，第一次走出国门了。

转眼间，关山月已临近毕业了，但此时家中却接连传来了不幸的消息。在短短的半年内，自己的亲生母亲、幼妹和大母相继离开人世。为了办这几宗丧事，父亲把仅剩的三亩多田产押给了邻村的地主。于是，本来关山月毕业后可以升上襄勤大学的希望，也不能实现了。关山月只好到广州市第九十三小学做教员。

不久，又一个噩耗传来了，父亲也去世了。大家想来想去，唯一的出路只有“走为上计”。他们把年迈的外祖母送回织篑山区马尾村，住回她那用茅草盖顶的家；把只有五岁的最小的八弟送到已出嫁的琼妹家，帮忙放牛；把五弟、六弟送进广州市芳村孤儿院，而六岁的七弟由关山月带在身边。在灾难之年，一个书香世家就这样支离破碎了。

处理完家事后，关山月回到广州市第九十三小学上班，学校安排他教语文课并担任四年级的班主任。

1935年9月2日，关山月和贫困学生李淑真结为夫妻。有了贤内助，温馨的家改变了关山月的生活，使他能更专心去追求自己的理想。他利用课余时间，学习书法和篆刻。校长卢夔坤和甲午海战民族英雄邓世昌的儿子邓文正，都是书法篆刻家，他们三人经常在邓家研读古人的碑帖、印谱，关山月也是在这里学会刻图章的。卢、邓是关山月的良师益友，邓家大院就是关山月的第二学堂，开始影响着他以后的艺术道路。

1933年春睡画院迁往广州朱紫街，1935年高剑父老师除了主持春睡画院外，也开始兼任广州国立中山大学美术专业夜班教授，1936年还兼任南京国立中央大学美术科教授。关山月打听到高老师每周有两个晚上到中山大学讲学，但规定是中大学籍的学生才能报名听课，于是他用友人的听课证冒名顶替。每次上课的晚上，他总是提早从珠江南岸这边赶到珠江北岸那边的文明路，从不缺课。就是在这里，关山月与高剑父结成了师徒之缘。

关山月在《重睹丹青忆我师》一文中写道：“当他了解我是一个穷教师，未曾受过专门的绘画训练，想学画又交不起学费时，他却非常高兴，主动准我免费，叫我到他主办的春睡画院学画。这个颇有戏剧性的情节，别人看了可能以为不过是件小事，然而却影响了我的一生。”关山月终于正式成为高剑父的学生，高老师还给他改名，由关泽霈改为关山月。

1937年，卢沟桥事变发生，日本侵略者对中国发动全面的侵略战争，第九十三小学停办了，关山月失业了，妻子到顺德勒流荣村小学做代课老师，并改名李小平。

高老师很同情关山月这个有才华的学生，决定让他搬到春睡画院，住、吃、学杂费用全部由老师承担。高老师还现身说法讲述了自己的经历：“我为了学画，十四岁起跟居廉老师当书童，给他烹茶、扫地、倒痰盂，什么都做。为了学习和研究传统绘画，我求同学伍懿庄借他家珍藏的古字画来临摹，甘心向他下跪拜师。”

学生们知道老师是辛亥革命的功臣。高剑父1906年在日本留学时参加了孙中山领导的中国同盟会，1909年该会派他回广州设立同盟会广州分机关，他做了八年主盟人，参加了黄花岗起义，任广东海陆军团协会干事。辛亥革命成功之后，有人荐举他为广东都督，高剑父声明自愿放弃，解甲从艺。如果没有牺牲精神，哪有今天的艺术成就?

关山月感谢老师的教导和资助，并搬进春睡画院专心学习。高老师教他作画要“大胆落笔，细心收拾”，告诉他创作要讲求“笔墨当随时代”。关山月在一篇文章中写道：“……高师常常对我们说：‘你们学我的画可不要完全像我，要创新，要超过我——出于蓝胜于蓝。’正因为他提出这样的要求，所以，我们同学之间的画风格没有一个相同的。”高老师的理论和实践，影响着学生的艺术创作道路，通过“折衷中西，融汇古今”的艺术实践，使关山月看到了岭南画派提倡的新国画的精髓。

日寇侵华后的春睡画院无法正常上课，高老师就带学生们到乡村间写生。他们到四会县农村写生，这时期关山月创作了国画《南瓜》联屏。

1938年10月下旬，广州沦陷的消息传到四会后，高老师立即赶回广州处理相关事务，而关山月和司徒奇、何磊三师兄弟只好跟着难民们一起逃跑，来到了开平司徒奇家。

关山月留在司徒家住了七天，便立意要千里寻师，继续求学。得知老师现身处澳门，关山月经历了40多天的逃难生活后，乘船去澳门。

因为广州不能办学了，高剑父就将春睡画院搬到澳门普济禅院上课，老师见到学生到来，非常高兴。为了表达彼此间的真情，一起学习的师兄弟：关山月、李抚虹、司徒奇、罗竹坪、何磊，在这里结为异姓兄弟。

高老师还亲自和普济禅院的住持济航大师商量，安排关山月住在妙香堂的东厢，但济航大师知道这个穷学生是交不起伙食费的，不准他在寺院搭食。关山月确实是无钱搭食，只能每天买一个面包充饥，这样挨了十多天。尽管生活艰苦，但他仍白天去澳门筷子基和普济禅院后山山脚的海边写生，画渔民和渔家的生活情景，晚上回来就完成老师布置的作业。

老住持的大徒弟慧因大和尚很同情关山月没饭吃，拿了一包米和十只咸鸭蛋，送进妙香堂东厢的房间，叫他自己煮食。关山月感激不已，此后慧因就常带着自己的画作来让关山月指点。关山月还为慧因的画题跋，并送了不少字画、对联给他。两人互相交流绘画和佛学，成为知心朋友。

关山月坚持白天去写生，大多是去澳门的黑环海湾画那些渔家妇女和穷孩子。那里的渔民和孩子都叫他做“契爷”（干爹），有时还送米汤和熟番薯给他充饥。这段时间他为创作抗战画积累了很多素材。

高剑父也破例把自己珍藏的古字画借给关山月临摹，使他学到了很多传统技法。另外，关山月还多次乞求同学李抚虹借出在日本留学时带回的《百鸟图》，准许他在短短的15个晚上全部临摹完成，这使关山月得益不浅。

高老师除了在绘画技法上给予关山月教导外，还在创作题材的选择上启发关山月：“眼光要放大一些，如民间疾苦、难童、劳工、农作、人民生活，那啼饥号寒，求死不得的，或终岁劳苦不得一饱的状况，正是我们的好资料。”“尤其是在抗战的大时代当中，抗战画的题材，实为当前最重要的一环，应该由这里着眼，多画一点。”

在禅院里，慧因曾劝关山月“抛弃功名，皈依我佛”。他说：“如果你愿意出家，西环有个妈阁庙也是我们管的，给你做个住持，不愁无饭吃啦。”关山月答道：“我学画不是为了功名，如今国难当头，我不能逃避现实，我们要积极抗战。而且我是有老婆的，失散是暂时的，我不能出家。”慧因连声说：“阿弥陀佛……”于是1939年的关山月，刻了一枚闲章“关山月皈依记”，他的原意是皈依艺术，高老师还为关山月书写“积建为雄”以示鼓励。

两个月后，关山月去洁芳女子中学兼教图画课，每月只有3元钱的课酬。后来，慧因和尚把连声海、朱锵、谭适等，也包括自己在内，组成一个绘画学习班，由关山月在普济禅院的灵香堂授课。这样，关山月就可以自食其力了。

因为亲身经历了颠沛流离的逃难生活，目睹了日军的暴行和劳苦大众的深重苦难，具有民族责任感的关山月利用自己手中的画笔，创作了一大批抗战题材的中国画。

在普济禅院的妙香堂里，关山月把两张八仙桌拼在一起，连续十天十夜，创作出由六张六尺宣纸拼成的六联屏《从城市撤退》，他在画上题了一个长跋：“民国二十七年十月廿一日广州陷于倭寇，余从绥江出走时，历四十天，步行近千里，始由广州湾抵港，辗转来澳。当时途中避寇之苦，凡所遇所见所闻所感，无不悲惨绝伦，能侥幸逃亡者似为大幸，但身世飘零，都无归宿，不知何去何从！且其中有老者幼者残疾者怀妊者，狼狈情形不言而喻。幸广东无大严寒，天气尚佳，不致如北方之冰天雪地，若为北方难者，其苦况不可言状。余不敏，愧乏燕许大手笔，举倭寇之祸笔亡书，以昭示来兹，毋忘国耻！聊以斯画纪其事，惟恐表现手腕不足，贻笑大雅耳！二十八年岁阑于古澳山月并识。”

1939年，关山月还创作了《游击队之家》《渔民之劫》《三灶岛外所见》《拾薪》等反映澳门当地平民的作品。

1940年他创作了《中山难民》，画题记上写着：“民国廿九年二月十日中山县陷敌，民众逃难来澳，狼狈情形惨不忍睹，此图为当日速写所得。”这幅画表现了孙中山故乡落入敌人之手后，乡亲们逃难的惨状。画面真实地再现了断壁颓垣、简陋的草棚，以及拖儿带女流离异乡的人群。画中人物40多人，用笔练达简洁。

还有《铁蹄下的孤寡》《侵略者的下场》和《渔娃》等作品，这些记录着日本侵略者的野蛮暴行的抗战画，得到社会的认可。1939年他的四幅作品《渔民之劫》《三灶岛外所见》《南瓜》《渔娃》入选并参加了苏联主办的“中国艺术展览”，很受观众的喜爱。

关山月参加了1939年6月的“春睡画院留澳同人画展”，《东望洋灯影》《千家香梦的大三巴》等作品义卖，所筹款项用来赈济灾民。

1940年1月，关山月在澳门创作的一批抗战画和部分山水花鸟作品100多幅，在澳门复旦中学展出。

1940年1月30日《澳门时报》云：

> 名画家关山月氏，假白马行复旦中学举行之个人展览会原定由一月二十七日起至昨二十九日止，为最后一天。数日来莅场观众络绎不绝，每日平均二千余人。昨有名流王铎声、王祺等，由港赶程会鉴赏者，有名漫画家叶浅予、张光宇诸氏，对关氏《水乡一角》《防虞》《修桅》《渔市之晨》《流血逃亡图》《老鞋匠》《游击队之家》称赏不已，惟均以该会展览日期太短，未能使渴慕关氏各界人士，有鉴赏机会，故将闭幕日期展至卅一日始行闭幕，并延长参观时间，由每日正午十二时起，至下午九时止云。

当时在香港负责编《今日中国》画报的叶浅予和在《星岛日报》做编辑的张光宇，专程从香港来澳门参观了关山月的画展。他们看后觉得很有抗战的宣传作用，决定邀请关山月把展览移到香港展出，费用他们全包。

4月5日至7日在香港的展出，由于叶浅予、张光宇的宣传、推荐，引起了当地新闻界、文化界的重视，《今日中国》画报上刊登了关山月的4幅作品，《大公报》和《星岛日报》还分别出了关山月《抗战画展专刊》；在香港的著名文化人端木蕻良、徐迟、叶灵凤、黄绳、任真汉等在报上发表了评价文章，说关山月是“岭南画界升起的新星”，抗战题材的画“逼真而概括”，“真实地描绘了劳苦大众在日寇铁蹄踏下的非人生活”，“有力地控诉了日寇的野蛮行为”，“能激起同胞们的抗战热忱”。“抗战画展”竟然轰动了港澳。展览结束时，关山月卖了一些山水花鸟画，还清了场地费用和裱画钱。28岁的穷画家决心继续努力前进。

叶浅予先生曾在文章回忆说：“关山月用中国画的形式画出了抗战的现实生活，这对中国画来说的确是一个大胆的突破。当年画展中有几幅作品至今记忆犹新。有一幅《渔民之劫》，画的是日本飞机在低空盘旋，扔出了雨点般的炸弹，海边的渔船被炸得狼藉不堪，桅墙沉在水里，木板漂在海上……这幅巨画画出了日军暴行，也画出了画家和人民群众同仇敌忾的义愤，在当时起到了很好的宣传作用。”

关山月澳港个人画展结束后，打算到抗日前线，用自己的画笔直接为抗战服务。

关山月很感激高老师在澳门两年来对他的教导，所以临离开澳门时，再次请教老师，高剑父以两句杜诗“在山泉水清，出山泉水浊”作为临别赠言，勉励关山月不要为追名逐利而丢掉绘画本行。

关山月从澳门到达香港后，足足用了半个月时间，由水路冒险通过敌人的封锁线，到了龙川县的老隆镇，又步行了将近一个月，才抵达战时的广东临时省会韶关。

关山月在韶关结识了新画友黎冰鸿、胡善馀等，并托他们去好几个战地服务团体联系实地写生，但各团体都说不需要他这样的画画人。关山月的心凉了半截，但他很快就下定决心在韶关举办个人抗战画展，希望通过展览让社会了解他，争取找到服务战地工作的岗位。著名诗人阮退之专程来观展，关山月感激地陪他参观。看完展览，阮退之题了一首诗赠关山月：“高仑弟子关山月，海外归来乃见之。一水阳江才百里，有君为画我为诗。”第二天这首诗就在韶关的报刊登出，为关山月的画展起了很大的宣传作用。

但在画展开幕后第三天，日寇飞机轰炸韶关，一颗炸弹正好落在展场旁边，展场一角被炸崩塌了。展览无法继续下去了，关山月觉得他的计划和希望也都随之被炸毁了。

第四天，关山月去省府拜访阮退之。他说，他没有机会去抗战前线作画，就想沿着西南、西北的路线，去写写人民的生活，画画祖国的名山大川，沿途再举办他的个人抗战画展，但他目前经济很困难，希望阮先生能帮他指条路。阮退之答复关山月："省府是有资助艺术创作的经费，但李主席不了解你。你回去拿一张画来，我送给李主席，看他怎么表示啦。"为了偿还场租、宿费和筹备以后的路费，关山月挑选了一幅大画《还我自由》送给时任广东省政府主席李汉魂。这幅画画的是一只被捆绑的白孔雀，挣脱了绳子，正展翅飞翔。果然，李汉魂收到画后很高兴，立即派人给关山月送来一笔稿费。

关山月还清了债务，又留备了上路的盘缠，阮退之还给他写了一封介绍信，让他到了广西，就去桂林找阮退之的知交李焰生先生。

关山月在韶关打听到妻子李小平在此集训，夫妻二人得以异乡团聚。他动员妻子把工作辞掉，随他去西南、西北"行万里路"。妻子的照顾和陪伴，对他以后所要走的路给予了坚定的信念。

第二章　行万里路

1940年，关山月开始了 "行万里路"的征途，从韶关，经衡阳，到桂林。此时的桂林是中国第二个文化中心，不少著名文化人来这里办学、讲课、办报刊、开展览、宣传抗日。他得阮退之的朋友李焰生担保，住在七星岩公寓的房子，并很快就认识了夏衍、欧阳予倩、黄新波、余所亚等进步文化人。

关山月的抗战画展于1940年10月31日在桂林乐群社礼堂开幕，主办单位是"漓江雅集"。其间，关山月还与爱国高僧巨赞法师，一同参加"漓江雅集"活动。

关山月天天带着水壶、干粮出去写生，这时的关山月体会到"山水就是我的老师”“不动便没有画”，所以他自己刻了闲章“古人师谁”“岭南布衣”“天渊万类皆吾师”“领略古法生新奇”。并自写诗一首：“诗余闲读帖，图罢急题辞。自我时须问，古人何所师？”

经过一个多月的写生，收集了许多素材，关山月决定创作一幅漓江的长卷。由于没有地方，他就借用李焰生家客厅的八仙桌上铺纸作画，桌子不够大就干脆趴在地板上画，最后用了一个月时间，完成了长卷《漓江百里图》（32cm×2874.5cm）。

1941年4月15日，关山月在桂林桂东路广西干部建设研究会会议厅（八桂厅）举行第二次个人画展，展出的作品有《漓江百里图》《月牙山的全景》《訾洲晚霞》《衡阳炸后》《桃花江》等。桂林的社会名流和美术界人士都出席了开幕式。评论家鲁琳在《救亡日报》发表文章写道：“《漓江百里图》是他最近的精心的作品，题材是从漓江桥起，沿着漓江向下，直至阳朔为止。图长八丈多。在两个月的短期间完成这个巨大的作品。我们不能不佩服他优秀而热情的技能。记得读历史时宋朝有一个名画家夏珪，作了一幅《长江万里图》曾经轰动过当时的人，《漓江百里图》想来也会引起大家的注意罢。”

巨赞法师也写诗《一九四一年春题关山月所作画贺白虹书店开幕》和《又题关山月峨眉山黑龙江图》，赞赏关山月的画作。还有万蔚周赠诗《赠关山月画家》《从关山月画家乞〈峨眉山图〉简谢》等。

关山月原本计划从桂林经贵阳去重庆办画展，但到了贵阳买不到去重庆的汽车票，只好留在贵阳等待。在老乡的帮助下，画展在贵阳广东会馆开幕，来了很多广东老乡，关山月很快就认识了六七个司机。展览结束后，他就乘老乡的“顺风车”到了重庆。

关山月在重庆开了画展，还接受著名教育家陶行知邀请前往育才中学讲课。其间结识武汉大学的教授李国平，后两人成了挚友，正是“人生得一知己足矣”。

4月25日，关山月又把重庆的画展搬来成都了。关山月在自己的文章《我与国画》中写道：“画展第一天，张大千先生第一个到展场来看画。一见面他就问我，哪张画定价最高？他要买，并立刻吩咐同来的人替他交了现款。我记得那是一张峨眉山写生画，价钱多少忘记了，大约足够我数月的开支。自从这画挂上张大千的红纸订条之后，许多不懂画的买主也纷纷争购我的作品。我正当流落异乡，像行脚僧一样靠自己的手脚来养活自己的艺术，而且正处在被逼债的窘境，大千先生于此时伸出援手，真叫我感激涕零！”

展览结束后，关山月回到桂林，等待辞去儿童教养院教师之职的妻子到来。能得到妻子同行万里，关山月更是欣慰。为了纪念重逢团聚，关山月特地刻了一方闲章：“关山无恙，明月重圆”。夫妻俩在桂林住了一段时间，就前往贵州风景优美的花溪写生了。整整一个冬天，关山月画了几十张苗胞生活速写和黄果树瀑布的写生，妻子李小平也画了十多张仕女图。

1942年的春天，他们带着画稿和行李，搭老乡的顺风车，又到贵阳办画展了。

参观展览的人很多，关山月的抗战画不卖，而很多人喜欢买山水花鸟画，得到一些收入，行万里路就有保障了。

接着夫妻二人从贵阳乘坐敞篷货车去昆明，在海拔两千米以上的云贵高原上，颠簸了很长时间才到达昆明。

关山月还特意到黑龙潭写生那株有名的“唐梅”。后来他要筹备画展，夏康农教授全家人热心帮忙，把抗战画都贴上“非卖品”的字条，还四处发送请柬。许多名牌大学的知识分子都来参观了关山月的画展。

关山月夫妇发现参观人群中的徐悲鸿，徐悲鸿说他是高剑父的好朋友，因为知道关山月是高剑父的学生，他就来看画展了。关山月请徐先生多提意见，徐悲鸿诚恳地说：“不错，很新鲜！看来你跟你的老师学到了不少东西，开风气之先！”又说，“今天我们画国画，就应该有新面目，给人新的印象”。徐悲鸿的话，给关山月增添了探索艺术新路的信心和勇气。

昆明画展结束后，关山月夫妇又计划前往重庆。他们先坐车到泸州，然后乘船进入岷江，最后沿长江入渝州。途中要穿过许多峡谷和浅滩湾，不时还要停泊，等待水情好才能前航。关山月趁此抓紧时间写生，所以在他的写生作品里，就有了岷江上独特的木舟烟树和芦叶水车。

到了重庆，关山月带着李焰生的介绍信，在重庆找到广西省政府驻渝办事处，才借得一居室。这次在重庆办展览，裱画、租展场、印请柬、举行记者招待会等，费用很大。他们把贵阳、昆明卖画的积蓄全用上了。

开幕那天，西北画家赵望云特地来参观，他很喜欢关山月的《漓江百里图》。赵望云是河北人，客居陕西，现住成都，愿与关山月交朋友，欢迎关山月去成都。两人便成了一见如故的朋友。

赵望云还带老舍先生去参观了关山月的画展，老舍用关山月、李小平和赵望云的名字联成两句诗："山高月小，关远云平。"写在册页上，表达三人的友谊。后来赵望云又介绍关山月认识冯玉祥将军，冯玉祥还为关山月作画《倒骑驴的张果老》，为李小平作画《睡狮》。

重庆画展结束后，关山月夫妇又前往成都去了。来到了文化人聚居的成都，关山月夫妇由赵望云推荐，住进了督院街法比瑞同学会，音乐家马思聪、油画家吴作人、美术评论家庞薰琹等，都住在附近。后来余所亚、黄独峰、黎雄才也住进来了，非常热闹。

而雕塑家刘开渠住在同学会的对面教育厅里，关山月夫妇为了省钱，干脆到他家搭食。由于大家有共同语言，很快就成了知交。他们不但常在一起切磋艺术，议论国事，而且互相关心帮助。如马思聪须举办音乐会时，大家主动帮他推销音乐会入场券；他的夫人没有新衣出场，庞薰琹的夫人连夜用旧衣料翻新为她缝了件旗袍；演出之夜，关山月夫人就帮他们带小孩，后来马思聪的女儿还成了关山月夫妇的干女儿。大家就像是生活在一个团结的大家庭里。

赵望云介绍关山月认识齐鲁大学教授侯宝璋，侯教授虽然是病理学家，但喜爱收藏字画。庞薰琹先生也介绍华西协和大学英籍教授苏立文与关山月相识，他对中国美术史很有研究，十分欣赏关山月的画。他们还互教互学中国画和英语，苏立文写了一篇评价关山月的《岷江之秋》的文章，登在伦敦的美术杂志上。

吴作人带着时任四川省教育厅厅长的郭有守来参观关山月的画展，此外他又带四川省主席张群来观看画展。张群后来通过郭有守要了关山月的一幅《南瓜》。

关山月日夜忙于写生和创作，支出多于收入。而妻子李小平在端午节前夜却突然病倒了，幸亏侯宝璋闻讯赶来，亲自出面签字担保，才办成入院手续。各界人士闻讯后都向关家施予援助，马思聪出钱买药，吴作人送来奶粉，张群也托郭有守捎来了两瓶鱼肝油丸……在那个冷暖人间，还有着难能可贵的人情味，这使关山月永远记住患难见真情。所以在后来漫长的岁月中，这些邻里，一直都是他的挚友。

李小平康复后，关山月与她特地到乐山探望好友李国平。凑巧的是，那天刚好是李国平结婚的大喜日子，不速之客的到来，使得新婚夫妇忙开了。新娘急忙抹起地板，新郎走进厨房煮饭炒菜，而关山月坐在一旁用他的速写本记下了这难忘的一幕。后来他创作的《今日之教授生活》（现藏于深圳关山月美术馆），就是取材于此。

李国平曾为关山月的《漓江百里图》题了一首七绝：

历尽江山快壮游，桂林秋色画中浮。
还教走笔三千里，抹尽烟云到益州。

武汉大学中文系教授吴其昌也扶病为《漓江百里图》写了一个长跋：“……近世以来，华夏重荣，灭胡廷而奋起，青年硕人乃有拔山吞岳之雄怀，历块过都之壮游，功力艰巨于马夏，意境追媲乎郦柳，则岭南关山月先生之漓江图卷当之矣！仆处东海，关君处南海，维是无夙昔杯酒雅故，故言之不嫌于谀颂。关君展是卷于嘉州，仆往观焉，而始惊叹以为三百年来所未曾有。图大凡长八十余尺，写漓水自导源以迄桂江，咸备丹巘翠岳，作风与宋朱锐赤壁图卷为近（然朱卷甚短促）……闻人言阳朔山水奇绝甲寰宇，辄闭目幻象，不知作何状，读关君此图而领味其灵神，故知关君丹青之功，亦足以移人而摄神矣。若第举述一二笔法墨诀，皴擦点抹之微以为颂，不知此乃进学之技术，非所以语大方名家。关君此图，已具有境界神灵矣，自当阐叙其大者，后之世有知艺君子，苟餍饫于斯卷，盖将不妄我言也。中华民国三十一年八月海宁吴其昌子馨父跋，时侨寓蜀郡嘉定，病中扶头书。”关山月深受鼓舞。

为了筹备成都的第二次画展，关山月更加节省用钱。但他却不知妻子为了过好中秋节，去当铺当了自己的衣服。幸而关山月也得到朋友的支援，老画家姚石倩答应充当他租借展场的经济担保人。

在多方支持下，画展终于在成都市美术协会开幕了，马思聪、吴作人、叶浅予、庞薰琹、赵望云、刘开渠、郭有守、黄独峰、黄笃维、侯宝璋、苏立文等同行、好友都来了。更没想到的是，张大千竟委托叶浅予，代他前往贺展，并叫叶浅予帮忙贴红条订画捧场。叶浅予很高兴地看了画展，他挑选了几幅画得很好而价格也不太高的作品，贴上红条并交了定金，带回了张大千家。张大千说："应该挑最高价的订啊！"关山月除了抗战画不卖，山水花鸟画都有很多人买，因为有了收入，他又可以继续"行万里路"了。

第三章　敦煌探宝

1943年初春，为了探求传统文化的奥秘和领略祖国大西北的风土民情，关山月婉辞师伯陈树人推荐其为国立艺专美术教授之聘，带上妻子，约好赵望云、张振铎同行，决定继续西北之行。

他们按既定方案，决定先到西安、兰州举办画展。由于在登华山途中又巧遇司徒乔，他们便结伴一路写生作画。从兰州入敦煌之后，路就艰难多了。进入河西走廊，走的是狭长而坎坷的公路，沿途是那风吹黄土沙飞的苍凉景色。乘坐烧木炭才能动的汽车经过张掖、酒泉，出嘉峪关，又入祁连山，为了体验塞外生活，他们在这里住下，然后骑马到牧民点去深入生活、写生。这个时期，关山月创作了《祁连放牧图》《牧民迁徙图》等作品。

几天后，一行人又经过荒凉的戈壁滩，才到达古旧的敦煌城。第二天一早，他们租了四匹马，关山月带头骑上马，赵望云、张振铎、李小平也紧紧跟上，终于来到莫高窟皇庆寺。

新到任的国立敦煌艺术研究所所长是常书鸿，关山月四人是他上任后接待的第一批客人。这里的生活条件很差，连饮用水都缺乏，晚上关山月夫妇睡在皇庆寺（中寺）铺了麦草的土炕上，其他人另挤在一起住。

这里是名副其实的千佛洞，有五百个石窟，两千多尊造像，四万五千平方米的壁画。虽然临摹条件很艰苦，但关山月仍天天趴在昏暗的窟洞里临画。幸有妻子秉灯相助，他画到哪里，妻子就拿着蜡烛或油灯照到哪里。渴了喝上一口冷水，饿了啃上一块烧饼，每天从早画到黑。在爱妻的秉灯帮助下，他坚持在洞内画了一个多月，用他自己的笔法临摹了近百幅壁画。在同行四人中，只有他收获最大，关山月一直说幸亏有妻子的陪伴才有今日之成果。

在敦煌期间，他们还度过了一个难忘的中秋节，常书鸿带来他自制的又酸又涩的葡萄酒，赵望云笑说，这是“常氏精制法国葡萄酒”。酒后，赵望云还唱了一段激情的京剧。

冬天来临，画家们离开敦煌了。过了兰州，他们就分手，赵望云回西安，张振铎去重庆。关山月认为他难得来到西北，还想多看些、多画些，于是夫妇二人冒着大风雪去青海，看了塔尔寺庙会，在兰州住了三个多月，深入西北少数民族地区进行写生。关山月画了一批西北风光的作品，后来创作了《黄河冰桥》《塞外驼铃》《祁连牧居》《敦煌千佛洞》《青海塔尔寺庙会》《驼峰晚憩》《蒙民游牧图》《草原牧马图》《牧羊女》等作品。更有趣的是关山月在兰州巧遇吴作人，两人在骆驼背上互画，关山月在画上题：“卅二年冬与作人兄骑明驼互画留念，时同客兰州，弟山月”。吴作人在画上题：“卅二年三月骑明驼互画留念，作人”。

关山月在画集《关山月临摹敦煌壁画》自序中写道：“我这次临摹由于时间所限，只能是小幅选临。选临的原则有三：其一，内容上着重在佛教故事中精选富有生活气息，而最美的部分，其中也有不少是历代的不同服饰的善男信女的供养人。其二，在形式上注重它的多样化，如西魏、北魏、六朝以至初唐盛唐各代的壁画，风貌差异很大，而且造型规律和表现手法也不大相同，只要符合我的主观要求的，就认真地选临。其三，我没依样画葫芦般的复制，而临摹的目的是为了学习，为了研究，为了求索，为了达到‘古为今用’的借鉴。”可以看得出，关山月在临摹敦煌壁画时，一直在思考研究这些壁画的构图、布局以及勾勒点染的技法和那些丰富的表现手法，而他最欣赏的是盛唐的作品，因为他认为这些作品塑像造型优美，线条古拙浑厚，用色多彩迷人，达到了艺术的高峰。

1944年冬，关山月在重庆黄家垭口“中苏文化协会”举办了“西北纪游画展”，一百多幅作品包括西北风光、民族人物以及敦煌临画等，在渝的文化界人士郭沫若、茅盾、老舍、田汉、阳翰笙及冯玉祥将军等到场祝贺参观。四川美术界同行们观展后大为震惊，徐悲鸿评价道：“风格大变，造诣愈高。”郭沫若先生看到关山月、赵望云合作的《松崖山市图》后，还作长诗长跋来赞颂。

郭沫若先生除了亲临展览开幕式，其间还带夫人于立群和秘书来看了两次。到了展览结束那天，郭老又来看《塞外驼铃》和《蒙民牧居》两幅作品，停留片刻，然后对关山月说：“你把这两幅画借给我带回家去，我想在这诗堂上题诗。”关山月高兴地立即把这两幅画取下来，交给郭老的秘书。第二天关山月取画时，只见郭老题在《塞外驼铃》诗堂上六首绝句：

塞上风砂接目黄，骆驼无际阵成行。
铃声道尽人间味，胜彼名山着佛堂。

不是僧人便道人，衣冠唐宋物周秦。
囚车五匀天灵盖，辜负风云色色新。

大块无言是我师，陆离生动孰逾之。
自从产出山人画，只见山人画产儿。

可笑琴师未解弹，人前争自说无弦。
狂禅误尽佳儿女，更误丹青数百年。

生面无须再别开，但从生处引将来。
石涛珂壑何蓝本？触目人生是画材。

画道革新当破难，民间形式贵求真。
境非真处即为幻，俗到家时自入神。

诗后又跋：“关君山月有志于画道革新，侧重画的材挹民间生活，而一以写生之法出之，成绩斐然。近时谈国画者，然喜作狂禅超妙，实属误人不浅，余有感于此，率成六绝，不嫌着粪耳！民纪三十三年岁阑题于重庆。”

在《蒙民牧居》的诗堂上，也题跋：“……关君山月屡游西北，于边疆生活多所研究，纯以写生之法出之，历破陋习，国画之曙光，吾于此焉见之。”关山月读罢这些诗和跋，对郭老的学问和见解更是崇拜和感激。

此外，于右任先生也为关山月的《哈萨克鞭马图》题写了诗句。

后来徐悲鸿在为《关山月纪游画集》作序时也写道：“关君旋游塞外，出玉门，望天山，生活于中央亚细亚者颇久。以红棉巨榕乡人而抵平沙万里之境，天苍苍，地黄黄，风吹草动见牛羊，陶醉于心，尽力挥写；又游敦煌，探古艺宝库，捆载至重庆展览，更觉其风格大变，造诣愈高。信乎！善学者之行万里路，获益深也。”

1945年8月，关山月在成都举办“西南、西北写生和敦煌壁画临摹作品展”，当时成都的美国新闻处处长欲出高价收购关山月的敦煌临画，但关山月不肯割爱，所以一直保留了下来。1997年该批敦煌临画全部捐给深圳关山月美术馆收藏。

关山月在一篇回顾八年离乱经历的文章中，提及了自己独特的感受：“在抗战中我流浪过，我逃过难，因为这流浪，由一个城市经过一大段泥黄公路，晒晒太阳，淋淋雨，抹过了一脸尘土，又到一个城市。逃难的经验，给了我流浪的勇敢，教我不怕路长，不怕在路上或遇到的贫困，启示了我‘行万里路’的决心，所以敢于西经沙漠而叩敦煌之关，北至海疆而览海灵之秘，这都是由桂而黔，由黔而蜀，一步步养大了自己的胆子而准备后来的长途旅行的。”“像我这样的一个南方人，从来未见过塞外风光，大戈壁啦，雪山啦，冰河啦，骆驼队与马群啦，一望无际的草原，平沙无垠的荒漠，都使我觉得如入仙境。这些景物，古画看不见，时人画得很少，我是非把这些丰富多彩的素材如饥似渴地搜集，分秒必争地整理——构思草图，为创作准备不可的。这是使我一生受用不尽的绘画艺术财富，也是使我进一步坚信生活是创作的泉源的宝贵实践。用我当时的话来总结就是：动是画因，不动就没有画。”这也许就是关山月对自己在抗战胜利前所走的路的一个自我总结。

第四章　迎接解放

抗战胜利了，关山月夫妇从成都回到阔别多年的广州。大街上随处可见瘦骨嶙峋的军马，关山月便有感画了一幅漫画《接收后的军马》。

高剑父老师和画友们，都陆续回到广州、香港。关山月一回来就去拜谒恩师，向他汇报西南、西北之游的写生作品和创作。老师认真地审视学生的成绩后说：“你挑一批出来办个展览吧，让广东的朋友批评批评。”还当即题写了展名：“关山月西南、西北纪游画展”，后来就在广州文明路广东文献馆举办了这个展览。当时国民政府教育部还购其《祁连放牧图》一画，代表国家参加联合国在巴黎举办的教育展览，收获盛誉。

1946年，高剑父老师在春睡画院原址创办南中美术专科学校，聘关山月任教。关山月捐出作品参加为广州市立中山图书馆募集经费的画展。

1947年，高剑父创办广州市立艺术专科学校并任该校校长，南中美术专科学校改称南中美术院。

这年暑假，关山月夫妇下南洋，去泰国写生，后又遇潮汕画家王兰若做伴南洋游。他们先后到槟榔屿、吉隆坡、新加坡写生、讲学和办画展，过了半年的南洋生活，创作了《椰林集市》《印度姑娘》《浴罢》等佳作。

1948年1月，高剑父老师聘关山月担任广州市立艺术专科学校教授兼中国画科主任。同年关山月与高剑父、陈树人、赵少昂、黎葛民、杨善深先后在广东省立民众教育馆和香港圣约翰堂举办了“六人联展”。

初夏，关山月创作了一幅国画《平价膳堂》，反映了劳苦大众的心声，报纸登出后，引起强烈的反响。

同年关山月又在上海大新公司楼上举办“关山月西南、西北纪游画展”，作家端木蕻良等前往观展。

1949年，关山月当选全国美术协会理事。他曾与学生们一起参加了“反饥饿，反迫害”斗争的抬尸游行，被列入登报的“黑名单”，还收到一封无落款的恐吓信，信纸上只画了三颗子弹。为免受迫害，关山月只身逃到香港，参加了香港进步美术家团体“人间画会”。发起人是中共党员黄新波，会长为张光宇。关山月在这里第一次学习了毛主席的《在延安文艺座谈会上的讲话》。此时李小平已改名李秋璜，随后也到港和他团聚。

不久，关山月与李铁夫被推选为全国第一次文代会代表，因交通受阻，未能前行赴北平出席。关山月作品《春耕》参加了大会举办的“艺术作品展览会”。

10月26日，关山月参加由人间画会在香港湾仔六国饭店举行的“庆祝中华人民共和国成立暨华南解放大会”。

为迎接广州解放，人间画会把31位爱国画家集中起来，大家凑钱买画布、颜料，用了20多天时间，绘制了高30米、宽10米的毛泽东主席站着挥手的全身像《中国人民站起来了》。

1949年11月1日，关山月和张光宇、王琦、黄茅、杨秋人、阳太阳、麦非等人乘坐从香港九龙开往解放后的广州的第一班火车，亲自护送该画回广州。7日，该画被悬挂在当时广州最高的建筑物爱群大厦西外墙。

他们和广州军管会的同志一起在广州爱群大厦他们所绘的毛主席巨幅画像前的合照就是最好的历史见证。

1950年2月1日《人民美术》创刊号发表张光宇《华南美术界的动态》一文，写道："10月的尽头，港九美术界还突击完成了巨幅的毛主席画像……该画在香港完成后，即于11月1日由广九铁路华段通车的第一天第一班火车运送赴穗，护送的同志有关山月、杨秋人、阳太阳、黄茅、王琦、麦非、谭彦和我诸人，画运到广州后即移交军管会文艺处收下了，再立即会同该处美术室同志们商量如何把这幅画稳妥地悬挂在爱群的高楼上，一时又赶快雇工建搭竹架，一面又邀请省、市两艺专的同学帮忙修整画幅，发挥集体力量，其迅速的程度真难以预想，事情在6日晚上全部弄妥，7日的一整天，我们从容地把大画树立起来，当时围观的群众，万头仰空，其兴奋之情状，直留下至深的印象。"

在香港期间，关山月创作了连环画《虾球传·山长水远》。这是以香港著名作家黄谷柳的《虾球传》第三部《山长水远》为内容创作出来的。原画稿共有94张，其中有一张两面都有画，每幅尺寸为22cm×27cm，这是关山月创作最早、篇幅最多、当年却没来得及正式出版的一套连环画。《虾球传》以二战结束后的香港社会为背景，以粤港现实生活与人物为题材，表现火热的革命斗争生活。内容是以主角虾球由做街边小贩，充当鳄鱼头手下，以至投身革命队伍的不平凡际遇为主线展开，塑造了一个生活在香港下层的少年虾球成长的曲折遭遇。作品具有流畅的地方语言与浓烈的地方特色，是当时香港最畅销的小说之一，在当时粤港地区产生了强烈的影响。关山月绘制的《山长水远》，体现了他一向重视生活和写生的特点，表现手法是用浓墨线条的笔力"写出来的"，作品中的人物刻画得很生动，生活环境描绘得很真实，具有浓厚的粤港地方特色，画面很吸引人，从内容到形式，看后给人留下深刻的印象。

关山月的这套连环画完成后，交给了《华商报》的夏衍先生，很快就被编辑成书，只是未付印。原计划是1949年年底出版的，但因夏衍后来又北上参加全国政协会议而搁置了。

后来，《华商报》在1949年10月15日宣布停办，工作人员全部转到广州办《南方日报》，而此时的关山月正和香港人间画会画家为迎接广州解放，集体创作《中国人民站起来了》的毛泽东主席像。直到1993年关山月在北京参加全国人大会议期间，见到香港李国强先生，才知道《虾球传·山长水远》连环画稿还在香港。遗憾的是，关山月生前还是未能见到这部画稿的出版。

半个多世纪后，香港回归祖国十周年的2007年，香港画家萧晖荣从李国强先生手上收藏到《山长水远》这套连环画原稿，他把作品带到深圳关山月美术馆展览并出版成书，终于完成了关山月先生这未竟的心愿。

1950年年初，关山月又看到革命作家江萍写了一部以红色小鬼为主人公的长篇小说《马骝精》，读后觉得它再现了革命斗争生活，他又画了《马骝精》连环画，并逐日在报纸上连载，影响很大。

关山月的连环画，正是他理解了“生活是创作的源泉”，和他深刻体会的“不动我便没有画”的艺术观的体现。

第五章　新的起点

1949年11月17日，关山月回到他原来工作的广州市立艺术专科学校。他既感到很高兴，但心里又有些难过，因为该校的创始人、恩师高剑父曾答应留下来办学，想不到却被人恐吓又跑回澳门去了。关山月也曾写信劝老师回来，但还是未成。

1951年6月22日，关山月的恩师高剑父，病逝于澳门镜湖医院，在生前最终也未能回到广州。

广州解放后，上级派著名作家欧阳山领导筹备成立华南人民文学艺术学院（简称“华南文艺学院”）的工作，将省、市艺专并入学院成立的美术部，黄新波任部长，关山月为副部长。1950年9月7日，华南文艺学院迎来了第一批学子，关山月在开学典礼上做了《中国画如何为人民服务》的发言。当学院的教育工作逐步走上正轨的时候，华南地区的土地改革运动开始了，接到上级教育部门的通知，学院全体师生要到土改前线去，说是教育跟实际斗争相结合、跟劳动生产相结合，要“脱胎换骨”，知识分子要接受改造。

1950年11月，关山月等老师带着学生们到了广东沿海地区宝安县参加土改；一年后，又转战到山区云浮县，在农村待了整整三年接受教育和改造。在宝安农村时，关山月住在贫雇农家里，生活很艰苦。他的工作是任宝安县人民法庭副庭长，每天要去访贫问苦、调查办案。

1951年冬天，组织上又把关山月从宝安调到云浮土改队，任云浮县人民法庭副庭长。

一次，县委书记交给关山月一个任务，要他送文件给四区区长陈残云，说是要和罗定县联合起来剿匪，书记还交给他一支左轮手枪，带着路上防身。虽然他是边走边问路，但由于走了一段弯路，多走了两个钟头，到深夜才到达四区区委会。当他把绝密文件交给陈残云时，才松了一口气。

直到1953年，土改将结束，上级才批准关山月和杨秋人等成立了一个创作组，大家才开始重新投入创作。他们利用业余时间画了一批速写和白描作品，提供给《南方日报》作为报眼画发表。

同时期关山月还创作了一套连环画《欧秀妹义擒匪夫》（1951年出版），是反映粤西山区土改和剿匪斗争的真实写照。

1953年秋，关山月从土改前线回到学校，一开学就带学生到阳江闸坡渔港写生。不久，学校接到中央文化部命令，为了建立全新的教育体系，全国进行高等院校的院系调整，中南地区的湖北省、广东省、广西省的中南文艺学院、华南文艺学院、广西艺专三校集中人力、物力分别整合为中南美术专科学校和中南音乐专科学校。

11月19日，中南美术专科学校正式成立，国务院任命胡一川为校长，关山月、杨秋人、阳太阳为副校长。校址设在武昌解放路309号，中南美专、中南音专两校同设于一院内。关山月全家搬迁武汉，住在中南美专校内的教工宿舍。

在中南美专中国画专业里，关山月主要负责人物科教学。他鼓励学生用毛笔写生，并亲自在课堂上完成了人物画示范作品《穿针》，在课堂上以九岁的女儿关怡为模特，直接用毛笔画成后再染色，作品既生动又逼真。画面题记写着："一九五四年春为阿怡画像，关山月笔"。

1954年9月，中南美专附属中等美术学校正式成立，由关山月兼任附中首任校长。在附中的上学期，关山月带学生到河南省信阳南湾水库工地劳动写生。劳动之余，关山月也画了不少写生作品。

1955年，国家派关山月参加中国人民春节慰问团赴朝鲜前线慰问中国人民志愿军，并在朝鲜写生，回来后创作了一些以朝鲜为题材的作品。

1月，关山月的作品《新开发的公路》入选第二届全国美术作品展，并由文化部收藏。5月，关山月到北京参加中国美术家协会第一届理事会第二次会议。这一年，他还被选为全国文联委员、湖北省文联副主席。

本年，中南美专将绘画系中国画专业组建为彩墨画系，关山月任系主任。关山月还和黎雄才、孔宪明、陈金章、梁世雄、谭荫甜等师生，以武汉防汛抗洪为题材合作了大画《战斗在张公堤上》。他创作的作品《一天的战果》获湖北省美术作品一等奖，作品《问路》《和平保卫者》入选由文化部和中国美协在北京举办的"第二届全国国画展览"。

8月至9月，国家安排关山月与西安美专副校长刘蒙天赴波兰访问写生。《肖邦故居》《陶瓷艺人》等60余幅关山月作品，在驻波兰的中国大使馆内举办观摩展。

11月，关山月在中南美专宣誓加入中国共产党，被湖北省委批准为三级教授。

1957年2月，关山月代表中南美专出席文化部艺术教育司召开的艺术教育工作会议，与会的全是同行的专家，他在会上提出了建议："美术院校必须分科，中国画教学在中国美术教育上是应该占有重要地位的，美术院校一定要建立中国画系。"当时，杭州美院潘天寿教授也不谋而合地提出了相同的建议。他们的建议，得到与会人员的赞同，也得到教育司的重视。

4月至5月，关山月带学生到湖南醴陵南桥乡以及衡山写生。不久，他又参加由武汉高教系统组织去鄂北参观山区的农田水利建设，历时半个月，为他之后创作的《山村跃进图》搜集了许多写生素材。

9月，学校开展“反右”运动，全体师生参加，学校基本停课。关山月也不例外，但晚上回到家，他偷偷地抓紧时间，创作《山村跃进图》《山乡冬忙图》等作品。到了1958年，长卷《山村跃进图》绘制完成，并参加在莫斯科举办的“社会主义国家造型艺术展览”。

因为中南地区的区域名称不久将要撤销，所以国家文化部正式批准，同意中南美专迁校广州。1958年7月，关山月与家人一起随中南美专由武汉搬迁广州，改名为广州美术学院。

虽然关山月回到了广州，但他在武汉工作生活了五年，作品很有影响力，故武汉市政府视他为武汉名人。2002年，武汉市名人公园立有18个名人塑像，关山月是其中一名。

广州美术学院成立后，关山月任副院长兼中国画系主任。为了建立中国画的新教育体系，他继续进行教学试验。关山月认为，中国画的线是反映物象富有表现力的以一当十的艺术语言，我们应该继承它、发展它，使它成为一种科学的、与中国画体系相适应的、和中国画系专业不脱节的新素描。

关山月在文章中写道：“素描是个概念，西方就有各家各派，各式各样的素描，中国的白描也属素描。而当时提出来的所谓‘西洋素描’，指的又仅仅是苏联流行的一种模式……苏式素描是适应苏联式油画风格的素描。我反对把这种素描作为中国画的造型基础……这和中国的白描写生不同，我们首先强调‘形神兼备’，画人物就从人体不变的结构入手，即从结构出发。”关山月带领一班青年教师，一起动手、动脑来进行研究、试验。他挑选青年教师刘济荣做他的助手，进行教授学生用毛笔写生的教学实践；他拿年轻教师的作品向学生展示，请他们介绍自己的心得体会，增强了大家的信心。经老师们反复多次这样的教学实践，师生们也出现了一些好作品，如《砍柴老人》《青年农民》《老人与少年下棋》《老头》《穿针》等。他对老师和同学们说：“能者为师，凡是画得好的作品，就拿出来做示范，进行总结。”他主张互教互学，教学相长，发挥集体智慧，每一个作业都组织师生集体讨论，通过每一个作业的总结，就多一份经验。因为美术教学是直观教学，关山月的教学方法之一，就是老师要言传身教，亲自绘制示范作品，如他的《穿针》等；又如他在20世纪40年代画的西北写生作品，就曾无私地给过学生陈金章、刘济荣、陈章绩等观看、临摹。

关山月对中国画的造型基础和手法，有自己的看法，虽然他认为用西洋素描去教中国画是不成的，但他也不完全否定西洋素描，他曾对青年教师说："你们有西洋造型手法，我有传统中国画理论，大家一起来研讨。"他指的是不能长期地用西画方法来教中国画。他用京剧《三岔口》来形容中国画的表现手法。而西洋戏就要把真马拉上舞台表现。他还说："如齐白石画虾不画水，画鸟不画天空，这就是中国画的威力。"他主张多用毛笔画画，写生时直接用毛笔写，特别是要练习毛笔速写，用脑、手、笔齐动作去画。所以，他在文章中总结道："在实践中提倡'四写''三并用''两要求'。'四写'是指临摹、写生、速写、默写，并发扬'骨法用笔''气韵生动'的传统；'三并用'是指刻苦锻炼好手、眼、脑并用；'两要求'是指真正做好'形神兼备'的功夫，认真解决好'气韵生动'的问题。"

关山月坚持与中国画系的师生们反复探索、试验，收到了很好的效果。"1960年、1961年广州美术学院师生作品展"在上海、北京、武汉、东北等地展出时，中国画系的师生作品受到极大的关注和好评。

关山月经常带学生下乡下厂写生，1960年他和广州美术学院中国画系毕业班的同学们到湛江堵海工程工地，既劳动又写生。回校后，他辅导学生完成毕业创作外，还与师生们合作了巨幅国画《向海洋宣战》（四张九尺宣纸大联屏，现藏于广州美术学院美术馆）。这就是"教学相长"的成果。

该年度，关山月被授予"广东省文教战线社会主义建设先进工作者"称号，赴京出席中国美协第二次会员代表大会，被选为中国美协常务理事，作品《万古长青》入选第三届全国美展，并被中国美术馆收藏。

在关山月任中国画系主任、黎雄才任副主任期间，教师队伍不断扩大。在艺术上，他们没有门户之见，还邀请了当代国画名家傅抱石、潘天寿、刘海粟、邵宇、陈大羽等来学院指导及为师生们讲学示范，希望学生们能从各种流派和多种技法中吸取营养，学到更多本领。

关山月很注重培养年轻教师，只要有机会就组织大家去外地参观各种画展，或派他们去北京等地进修、学习，还亲自写信鼓励他们好好学习。后来，很多年轻教师去北京故宫临摹古画和壁画，收获甚大。关山月在自己的文章里总结道："在中国人物画教学上采取了新的措施，取得了一定的成果。只可惜这一个良好的开端，又被一场'十年浩劫'的'文化大革命'冲击掉……至今，我还怀念这段'教学相长'的既难得又有意义的教学历程，并以未能彻底实现我的中国人物画的教学理想而引为毕生憾事！不过，我还得郑重声明一句：那阶段人物画课取得的一点成果和点滴经验，其功劳是归于集体的。"所以20世纪60年代，关山月发表文章《橡皮的功过》《有关中国画基本训练的几个问题》《教学相长辟新途——为建立中国画教学的新体系而写》《谈中国画的继承问题》及由杨之光执笔的中国画系教学总结《谈中国画"四写"教学——摹写、写生、速写、默写在中国画系人物科教学中的意义》等，都是总结性的经验，当时影响至全国。

1958年年底，关山月接到外交部的通知，要他到欧洲主持"中国近百年绘画展览"。原先是决定由中央工艺美术学院院长张仃主持，因他已带展品去了瑞士，加上北京另有任务，所以改派关山月去接替。这个画展共展出103幅名作，从赵之谦到徐悲鸿等，全是近百年已故著名画家。关山月到北京接受任务后，带了翻译李振环就出发了，经莫斯科到日内瓦，张仃在瑞士中国大使馆与关山月交接完工作后，已经进入1959年了。关山月立即带着展品飞赴法国巴黎。

画展在巴黎展出了一个月，各大报刊发表了70多篇文章。展览期间，关山月参观了巴黎高等美术学院、卢浮宫，以及罗丹博物馆等，并在巴黎高等美术学院举办了题为《齐白石绘画艺术的特点》的讲座。关山月曾在《中国画的特色》一文中叙述："我在巴黎负责展览时，展品都是已故画家的作品，主办单位为了说明我的身份是画家，便主办了一次巴黎画家的联欢会，安排我作一次当众的表演，即席挥毫。当时我一口气画了花鸟、山水、动物三幅小品，巴黎画家们围着观赏我创作的全程，无不伸出舌头，叹为观止，为我鼓掌叫好，并提出要收购。我说不能卖只能赠送，但只有三幅，大家抽签好了，看看谁有运气，抽得者当然高兴不已了。”关山月还利用空余时间去写生。《美术》杂志第四期还发表关山月《巴黎书简》一文。

关山月带着“中国近百年绘画展览”经荷兰到比利时、瑞士展出。当画展在瑞士将要结束时，接到由中国驻瑞士大使馆转来北京的电报通知，要关山月立即回国，为迎接建国十周年大庆的十大建筑之一——北京人民大会堂作画。于是4月底，关山月结束欧洲之行回国。

第六章　江山多娇

1959年4月底，为庆祝建国十周年，国务院办公厅将关山月从欧洲召回北京，通知他和当时任南京国画院筹委会主任的傅抱石，分别前往北京接受任务，为首都十大建筑之一的人民大会堂合作巨画。题目是周恩来总理定的“江山如此多娇”，创作内容取自毛主席的《沁园春·雪》词意。时间限在国庆节前完成。

任务是光荣而艰巨的。关山月和傅抱石分别是岭南画派和金陵画派的画家。他们每天在一起研究、交流，互相提意见，反复修改草图，用两个月时间，经四稿后才基本通过。关山月在他的回忆文章中写道：“在四个多月的创作过程中，大家都从全局出发、从效果考虑，发扬各自所擅长、尊重对方的优点，互相学习，取长补短。在一致的目标下，我们都能自觉地在合作的全过程中甘当对方的助手，乐于做对方的配角，又务求保持自己的风格与特长，全力以赴来对待这项严肃而又艰巨的任务。”“生活要有积累。傅抱石和我为人民大会堂画的《江山如此多娇》，我画的雪山，就从我画祁连雪山熟悉的素材中得到不少益处。生活积累的基础越扎实，对艺术创作就越有好处。”所以《江山如此多娇》的前景松树和远景的长城雪山是关山月画的，而大河上下的流水瀑布和山岩就由傅抱石画，他们互尊互让的作风，使画面上保留了两人的流派风格，并达到了最佳效果。

关山月和傅抱石在创作期间被安排住在北京东方饭店，二楼的会议厅变成了他们的画室，由荣宝斋特制了一米多长的大笔和排笔，并用五六个大号的盆作为调色盆。他们夜以继日地工作。周恩来总理、陈毅副总理、郭沫若老先生多次来临指导，启发画家们的创作思路。陈毅副总理说：“创作《江山如此多娇》，首先在画面上必须突出一个‘娇’字。既要概括祖国山河的东西南北，又要体现四季变化的春夏秋冬；不仅要表现‘长城内外’与‘大河上下’，而且要描绘出‘山舞银蛇，原驰蜡象’，要有江南又有塞北，要有长城又有雪山。只有在这‘多’的气势中才能体现出‘娇’来。”郭老提出画面上应该出现一轮冉冉初升的旭日，并对两位画家说：“一定要保持各自的风格，又一定要使画面求得和谐统一。”9月中旬，周总理在陈毅同志的陪同下，来到人民大会堂现场作最后审定，周总理在赞扬的前提下，提出画面要加大，他明确地说：“至少要加宽两米，加高一米。”并提出太阳要加倍放大，太阳上色要用最好的朱砂，才能永葆光辉。关山月和傅抱石同意了，之后画家们又日夜加班修改，画幅从原来的550cm × 700cm扩大到650cm × 900cm。直到9月下旬，这幅巨作才算基本完成。

更有意义的是，9月27日周总理亲自去请毛泽东主席为该画题词，而当时毛主席不在北京，去了乡下，但他还是在百忙之中写了四幅“江山如此多娇”题词，还亲自在有的字旁打了圈，回函中写道：“供选择。”大家分析，大概圈多的是毛主席自己感到满意的，不妨挑圈多的字拼起来，果然十分和谐。然后由中央工艺美术学院张正宇教授负责把“江山如此多娇”六个字放大描摹在画面上，整整用了一个通宵的时间才完成。最后，毛主席的四幅书法中的三幅分别送给关山月、傅抱石、张正宇各人收藏，另外一幅则存放在中国美术家协会作为档案资料收藏。画上的大印章“江山如此多娇”是由齐燕铭镌刻的。

1959年9月29日晚上，大画《江山如此多娇》装裱完毕，赶在国庆十周年的盛典之前，悬挂在了新落成的人民大会堂北大厅。这就是日后毛主席等国家领导人经常在接见外宾时合照的地方，也是值得人们怀念和向往的地方。

经过四个多月的共同生活和创作，关山月从傅抱石的身上学到了不少东西，进一步认识了这位益友良师。后来关山月写过一首《念傅公》的律诗，其中有句云："天成独我金陵笔，造化兴师岭表风。翰墨有缘融一体，江山点染意无穷。"

到了1977年毛主席逝世一周年纪念活动时，关山月把他珍藏的毛主席书法"江山如此多娇"捐赠给中共中央办公厅收藏了。现在广州美术学院关山月故居客厅挂的是中共中央办公厅回赠的水印复制品"江山如此多娇"，上面还有"中共中央办公厅复制"的印章，也成为一件具有历史意义的纪念品了。

自从关山月和傅抱石合作《江山如此多娇》大画后，两人的感情更深厚了。完成国家任务后，他们两人还有一个共同的愿望，希望能一同继续再"行万里路"，深入生活，进行创作。两人都想去他们没去过的东北写生，于是他们向北京有关部门提出了申请。1961年6月初，国务院办公厅批准了他们的创作计划，并通知了东北三省的有关领导，给他们出行写生以支持。中央新闻纪录电影制片厂还特地派了一个摄制组随行，拍纪录片。

第一站先到吉林省省会长春，他们的主要目的是攀长白山，观天池，他们只肯坐一程汽车，然后徒步前进。他们见到了海拔2500多米、终年积雪的长白山和茂密的原始森林，还有当年抗日联军战士经历的遗迹。他们经常停下来写生，当步行到我国最深的高山湖泊天池前，关山月见到一条大瀑布从天而降，《长白飞瀑》的构图就展示在他眼前。他们在那里画了三个多钟头的速写，天快黑了才肯离去。关山月在他的文章《有关中国画创作实践的点滴体会》中写道："我坚信生活是艺术创作唯一的源泉。没有生活依据的创作，等于无米之炊，无源之水。生活的积累，是创作的财富。"

他们在长春逗留了半个多月，画了一大批画，后来，关山月创作了《林海》《枯木逢春》《长白飞瀑》《千山夏日》《长白山麓》《天池林海》《林海雪原》等作品。他们还到延边去，畅游了图们江、牡丹江、镜泊湖，也画了很多写生。随后又转回沈阳，再北到哈尔滨，参观了抚顺煤矿。关山月感受至深，创作了《煤都》等作品。

关山月和傅抱石东北之行三个多月，行程四千多里，游览名山大川，参观工矿企业，进行了大量写生，他们举办了观摩座谈会十余次，交流创作经验和心得，深受大家欢迎和赞誉。回到北京后，还在中国美术馆举办了“傅抱石、关山月东北写生展”，辽宁美术出版社还为他们出版了《傅抱石、关山月东北写生画选》，郭沫若亲自为画集题签。

中央新闻纪录电影制片厂拍摄和播放了彩色艺术纪录片《画中山水》，记录了当时数位国画名家在祖国名山大川实地写生的艺术创作经历，其中就有关山月和傅抱石为进行创作而行万里路的东北之行。关山月后来在纪念傅抱石的一篇文章中回忆道：我们在东北的行程分三段，走一段停一段，停下来是为了反刍、消化，及时把搜集的素材整理出来。三四个月来，我们都画了一批写生画，并曾在北京展出观摩，后来由辽宁美术出版社结集出版……由于我们的关系是建立在共同的事业上，我们是志同道合的，情谊是真挚的，胸怀都是坦荡的，因而我们互相之间的亦师亦友的关系是永恒的。

第七章 “文革”前后

1962年上学期，关山月带学生到潮汕地区写生；8月赴井冈山、瑞金等地写生。创作了《东风》《疾风知劲草》《井冈山下庄》《长征第一山》《瑞鹤图》《纺线图》等作品。

11月，香港大会堂举办关山月、方人定、黎雄才、叶少秉、苏卧农、陈洞庭、杨之光、何磊等31位岭南画派画家作品展。年底，广东省委组织部任命关山月兼任广东画院副院长。关山月陪同蔡若虹、石鲁、亚明、邵宇到新会参观，作《葵乡瓜果图》。

1963年春，关山月到汕尾渔港等地写生，创作《汕尾渔家姑娘》《千帆待发》等作品。9月，为响应党中央关于"知识青年上山下乡锻炼"的号召，他送应届高中毕业的女儿关怡到中山县国营平沙农场务农，并为此创作《听毛主席的话》（现藏于岭南画派纪念馆）一画。该作品参加了12月中国美协广东分会在广州主办的"社会主义好美术展览会"。关山月在观看粤剧表演艺术家红线女演出的"李香君"后，还创作了国画《桃花扇》，其作品《东风》《水果之乡》参加了中国美术馆展出的"广州美术学院师生下乡作品展览"。

1964年春，关山月与广东画院画家黄新波、方人定、余本等到山西大寨、北岳恒山及雁门关等地写生。创作《满江红》《春到雁门》《雁门关外》等作品。

日本著名美术评论家宫川寅雄访问中国时，也到关山月家做客。关山月还被选为全国人大代表，到北京出席第三届全国人大一次会议；又为从化广东温泉宾馆松园一号楼会客厅作大画《毛主席咏梅词意图》。岭南美术出版社也出版了《关山月作品选集》。

1965年秋，关山月随广州美术学院的教师干部被派往阳春县春湾公社参加"四清运动"。不料变故突发，1966年7月26日，还在农村参加"四清"运动的关山月等在毫不知情的情况下被广州美术学院的"红卫兵"从阳春"请"回学校参加"文化大革命"。他们被当作犯人关押进设在雕塑室里的"牛棚"。

关山月想，昨天还在春湾公社搞"四清"运动，运动还未结束，今天就变成"文化大革命"，而自己一夜之间就变成"反革命"，完全无法理解。几个红卫兵"带"关山月去看贴在学院墙上的大字报，要他读"揭发"他的"罪行"。"关山月的五支毒箭"即五幅画：一是《崖梅》，因为画中有倒向下的梅枝，谐音变成"倒霉"，即攻击社会主义中国"倒霉"；还说那些梅枝线条中隐藏着"反动标语"，其中有"介石"二字，是"反动透顶"。二是《东风》，画面中三只燕子逆风而飞，是“反骨毕露”。三是《快马加鞭未下鞍》，红军队伍登上崖头，前面不见有路，是“诅咒红军已临绝境”。四是《李香君》，“大唱亡国之音”。五是《山雨欲来》，画面有一解放军匆匆送信，是“向国民党通风报信”。他经常被“红卫兵”揪出来背毛主席语录，背不出或读错了，就要被辱骂或体罚。每到深夜，关山月被批斗后回到家，妻子李秋璜便把门窗关严，替他检查伤痕。她强忍泪水替丈夫涂红药水、搽万花油、贴膏药。有人劝李秋璜与关山月划清界限，与他离婚。李秋璜坚定地表示，不可能！因为没有谁比她更清楚自己的丈夫了。因为关山月眉心有颗黑痣，这是红卫兵认他的主要特征，所以妻子后来用胶布把他的那颗黑痣贴住；为了减少伤痛，还缝了一件厚厚的棉背心给他穿上。

负责看管被关在“牛棚”里的“牛鬼蛇神”的工作人员，是经“造反派”严格挑选出来的，是“出身好”“历史清白”的工人阶级。其中有位美院的清洁工人张三妹每天要安排“牛鬼蛇神”的工作。有一天，她对关山月大声说：“关山月，从今天起你单独干活，现在你跟我来！”她把关山月带到学院后面的学生饭堂旁边说：“以后你每天到这里拌煤，不要乱跑，知道吗？”关山月意识到让他单独在这个偏僻角落劳动，外地红卫兵就难以找到他了，这就使他少受些斗打，这是工人阶级的张三妹对关山月的保护。还有一位平时在美院专门帮人洗衣烫衫的邝伯，也很同情关山月，只要他听到有红卫兵要来揪斗，就想办法通知关山月躲起来。有一次，他还把自己的工作服脱下来，让关山月穿上，躲藏在他家里。多年后，关山月一家与这些工人成了好朋友，“文革”后，关山月一直在生活上关照他们，直到这些工人退休返农村后，关山月还每月给他们寄生活费。

“文革”期间，关山月的家被“红卫兵”抄了无数次，家里的财物、书画都抄走了，全家被赶到足球场附近的一个猪舍里，住在一间又小又脏的房子里。白天被拉去参加批斗，晚上还要写检查，交代“问题”。

到了1968年12月，广州美术学院全体师生被下放到三水县南边的省“五七”干校劳动改造。这里本来是个劳改场，有高大的围墙和密实的铁丝网，是把劳改犯迁走了改为干校的。关山月他们这些被押去的“审查对象”，住的是用厕所改成的八平方米牢房，摆了三张有上、中、下铺的床，总共住了九个“重犯”，床头紧贴床尾，没有一点空间，睡在关山月旁边的是患有肺结核病的木刻家杨纳维。他们这些“重犯”，干的是最脏、最累、最重的活，清牛粪、挑土筑路、盖房等，还有专人监督，讲“错”一句话就要挨批斗，放牛让牛偷吃了青苗更要被斗，早晚“向毛主席认罪”说得不清楚也要被斗。关山月最想不通的是，还给他扣上了一些无中生有的“历史问题”帽子。

八个月后，干校召开千人大会，高教系统的学员全都来了，会场上横额写着：“落实对敌斗争政策宣判大会”。宣判对象就是关山月，会场上的口号是：“打倒反革命分子关山月！”“把无产阶级文化大革命进行到底！”随后，“专案组”读了关山月的“罪状”，给他戴上“反动学术权威”“历史反革命分子”“走资本主义道路当权派”三顶帽子。判决：敌我矛盾作人民内部矛盾处理并开除党籍。“专案组”要关山月在“审查结论”上签字，关山月坚定地说：“对党员的处分应该由党组织决定，群众怎能开除我的党籍？而且公布的材料不确实，我不能签字。”之后，便只能独自一人去放牛达八个月之久。关山月曾说起当年印象最深的一件事：有一天，他到河边放牛，那头崩了鼻的牛看到对岸绿油油的一大片禾苗，突然下水游过去。他用尽力气也拉不住，但是如果不及时将牛追回来，牛就会吃禾苗，他就要挨批斗。在这紧急关头，一位当地农民脱掉衣服游到对岸，帮忙把那头牛牵回来，关山月感激地握住农民的手，连声道谢。此事使关山月永记一辈子。

1971年，关山月被调到英德县文艺“五七”干校。随着政策的落实，关山月的“敌我矛盾”改为了“人民内部矛盾”，并恢复党籍。7月的一天，连指导员突然来通知关山月：“老关，你明天即刻回广州。”已经好几年没有人这样称呼他了。

回到广州后，关山月才知道原来是日本著名美术评论家、日中文化交流协会负责人宫川寅雄访问中国，他向周恩来总理提出一定要见关山月，于是，关山月才从“五七”干校“解放”出来。因为“文革”前宫川来中国访问过几次，都是关山月接待的，他们已成为好朋友了。这次在上级部门的安排下，关山月会见了宫川寅雄。之后，关山月被分配到广东省文化局文艺创作室任副主任，8月，他就到海南岛、茂名、罗定等地写生，创作了《南方油城》等，总算圆了关山月又可以重新作画的心愿了。

关山月是因为周恩来总理下令才从“干校”解放出来，重新有了创作的机会，所以他从心底里感激人民的好总理。他开始抓紧一切机会，深入生活，进行创作。

1972年3月，他与陈金章、陈章绩等到海南岛、阳江闸坡深入生活并写生，作品《林区晨曲》《南方油城》入选“广东美术摄影展”。8月，受外交部委托，关山月到北京和李可染、陶一清、李斛、李苦禅、黄胄等画家为中国驻外使馆作画四个多月。

1973年，关山月创作了《长城内外尽朝晖》和《俏不争春》。因为从“干校”出来不久，思想上还有些顾虑，创作梅花的观念就和以前不同了，画面上的红梅是很繁盛和欣欣向上的。《俏不争春》还曾刊登在《美术》杂志封面，并被中国美术馆收藏了，还被日本的《读卖新闻》刊登在《世界名画》栏目作介绍。关山月另创作《报春图》，赵朴初先生为该画题了一首长诗。2月，作品《长城内外尽朝晖》《朱砂冲哨口》《春江放筏》参加“广东省国画版画连环画展览”。

关山月曾到电白县南海公社、博贺渔港体验生活一个多月，后还到湛江南三岛和雷州半岛，住在南海公社林带的民兵哨所里，每天爬上虎头山观察林区和海水的变化。他画了许多木麻黄树林的速写，调查了解它的生长规律并依此最后创作出了他的名作之一——《绿色长城》。

关山月在1983年的文章《我与国画》中写道：“为创作《绿色长城》，我先后到过不少地方。一九七一、七二年我到了湛江地区的茂名和罗定，也曾到过家乡的闸坡和电白的博贺两个渔港。一九七三、七四年，又先后三次到过湛江地区的南海公社和南三岛，前后作了较深入的调查访问，经过与当地的群众和民兵同志‘三同’，进行过长期的观察和体验。这幅《绿色长城》与《俏不争春》梅花一道，始终受到广大群众的肯定，这就大大增强了我的创作信心……”

关山月又在《我所走过的艺术道路》中说：“《绿色长城》那幅画，我比较喜欢，因为我产生画这幅画的因素，有今天时代的感情，也有童年时代的思想感情……说来话长，我童年时跟父亲到家乡60里外的一个小墟镇上去念书，其中要走一段几里路的海边沙滩，沙深腿短，走路很辛苦。我当时就想，为什么沙滩不长树呢？要是沙滩都长满了树该多好啊！创作《绿色长城》之前，我回家乡去，真的看到了沙滩上长满了茂密的木麻黄树林，童年时代的愿望在我眼前变成了现实，使我感触很深，使我产生了构思创作《绿色长城》的激情。"

关山月还在《关于画长城的体会》一文中专门谈到《绿色长城》的创作过程。他说："通过这样三次深入生活，我对表现植树造林的重大意义加深了认识，增强了非画好画美海边林带不可的信心。我把题目定为《绿色长城》，这座长城既可防沙，又可防风，还可以防敌，这是一道绿色的铜墙铁壁。""这幅画的创作过程并不一帆风顺，走新路困难多，要慎重。这个题材是新课题，创作时不能走老路，虽然老路闭着眼睛都可以走。"关山月运用了颜色的冷暖对比从而产生色相的变化的效果，他采用了不透明的矿物质石绿色把最前的木麻黄分层点染出来，层层加厚的色彩，表现出深沉浓厚的感觉，达到很好的效果，加上一行女民兵的巡逻，确实表现出"铜墙铁壁"的意识。《绿色长城》获得观众的好评，1973年10月入选了"全国连环画中国画展览"，并被中国美术馆收藏。因此，关山月又画了第二幅《绿色长城》，现藏于深圳关山月美术馆。而在1974年，他应广东迎宾馆之邀，又为宾馆作了一幅更大的《绿色长城》。

1974年3月29日，《人民日报》发表关山月《老兵走新路——谈谈我的创作体会》一文。这是关山月在1973年11月全国美术创作经验交流大会上发言整理而成的，对《绿色长城》的创作经验作了进一步总结。5月，关山月到新疆吐鲁番、伊犁等地体验生活，为乌鲁木齐机场创作大画《天山牧歌》，后来又画了一张《天山牧歌》挂在法国巴黎的中国驻法国大使馆。还为联合国中国厅创作了《报春图》。10月，作品《天山牧歌》《俏不争春》入选"庆祝中华人民共和国成立二十五周年全国美术作品展览"，作品《山村任点装》入选"广东美术作品展览"。

11月，关山月被广东省委任命为广东省文化局副局长，但他表示担当不了如此重任，仍留在创作室工作。年底，外交部派关山月率中国美术代表团访问越南。

1975年1月，关山月到北京出席第四届全国人大一次会议，在讨论新中国成立后第二部宪法时，他首次提出，在宪法总纲有关“德、智、体”中加入“美育”，教育广大青少年在“德、智、体、美”方面全面发展。5月在广州创作《油龙出海》《晨练》等作品。又为广东迎宾馆创作《报春图》。

1976年，关山月被派参加由王炳南率领的中国人民对外友好协会组织的文化代表团赴日本参加日中文化交流协会成立二十周年的庆祝活动，参观了东京、奈良、大阪、札幌、根宝等地，还专程去写生著名的“卧龙梅”，并拜访了平山郁夫、东山魁夷、宫川寅雄、井上靖等。后来又陪同来中国访问的东山魁夷夫妇游览桂林。还在广东人民艺术学院接待新加坡总理李光耀，另又接见美国画家史文森。关山月为国家做了不少对外文化交流的工作，所以，友好协会和侨联的人都称赞关山月是“文化外交家”。

1976年10月6日，“四人帮”被粉碎，标志着“文化大革命”结束。关山月创作《松梅颂》，上题：“1976年10月为庆祝我党伟大的历史胜利而作。”又创作《雨后山更青》，题曰：“不平凡的1976年，画于珠江南岸。”

11月，与青年画家陈衍宁、林墉等到井冈山深入生活，后共同创作《高路入云端》（《谈笑凯歌还》）。

虽然这一年“文革”结束了，但因为周恩来总理逝世、“四五运动”发生、唐山大地震、毛泽东主席逝世，这一连串重大事件都发生在同一年，这是我们中国历史上很重要的一年，所以关山月说：“这是我们永远不能忘记的一年。”

第八章 祖国大地

1977年，关山月接受北京毛主席纪念堂创作任务，与广东美术界的黎雄才、蔡迪支、陈洞庭、陈金章、梁世雄、陈章绩、林丰俗等画家到南昌、庐山、井冈山、娄山关、遵义、延安等地进行写生创作。关山月创作的《革命摇篮井冈山》悬挂于毛主席纪念堂，《井冈山颂》被广东省博物馆收藏。后他又到黄山写生，到海南岛尖峰岭林区写生。本年，关山月被文化部评为先进工作者；年底，广东省委组织部宣布关山月兼任广东画院院长。

1978年2月，关山月到北京出席第五届全国人大一次会议，并当选主席团成员。回来后，他与黎雄才到粤北小北江写生，秋天还与黎雄才重访青海，并到龙羊峡水电站工地写生。他还应邀重游莫高窟，在常书鸿家度过了一个难忘的中秋节。后来，关山月夫妇与黎雄才应长江航运局之邀进行了长江万里游，为了庆祝广西壮族自治区成立二十周年创作《山高水长》，作品《井冈山》获"广东省美术作品展"二等奖。

1979年，关山月赴京参加中国美协第三次会员代表大会，当选中国美术家协会副主席，接任务为北京人民大会堂广东厅创作国画《春到南粤》。同年，他与黎雄才合作的《岁寒图》，在香港举办的"广东美术作品展览"上售得4万元港币，全部捐给广东省儿童福利会。广东人民出版社也出版了《关山月画集》。

1980年2月，关山月作品《山河在欢笑》入选"第四届全国美术作品展"获三等奖，并被中国美术馆收藏。关山月当选广东省文联副主席、广东省美术家协会主席。6月，关山月完成创作《江峡图卷》，由容庚先生书写画题。5月底，应香港集古斋和《美术家》杂志社之邀，关山月夫妇与黎雄才夫妇、余本自“文革”后首次访问香港，商议举办“赵少昂、黎雄才、关山月、杨善深四人合作画展”。因关、黎住广州，赵、杨则住香港，很难集中在一起完成合作画，关山月提出：“先在这里合作画一批，等我们回广州后互画互寄互补吧。”新华社香港分社宣传部部长杨奇就主动提出充当“交通员”，并表示担保万无一失，使合作画以相互交换的形式完成。四人合作画就从这时开始了，经过三年时间的两地几经传递、辗转交换作画，才完成一批四人合作画共一百幅。关山月夫妇到香港后，还特地到九龙粉岭拜谒高剑父老师墓，献上鲜花，行了三个鞠躬礼，后又感慨地说：“往事永远不能忘怀，老师就是我的恩师。”本年，关山月的活动频繁。香港画展刚结束不久，7月，关山月与广东画院画家到肇庆鼎湖山写生，住庆云寺，创作《鼎湖组画》，现藏于广州艺术博物院；8月赴北京出席第五届全国人大三次会议，为中国军事博物馆作大画《迎客松》；9月返家乡阳江参加阳江文代会；10月在北京中国美术馆举办“关山月画展”；12月，“关山月画展”在湖南长沙展出，关山月在座谈会上作《我所走过的艺术道路》的讲话。

1981年1月“关山月画展”在广州文化公园展出。不久，关山月与黎雄才在香港展出合作画《松梅图》，获稿酬三万六千港币，全部捐赠给广州市儿童福利会。4月，“关山月画展”在四川成都展出，展览期间，关山月带妻子李秋璜，助手关怡、关伟重游青城山、峨眉山。5月，关山月被香港中文大学聘为学位考试委员会校外委员，并应邀赴港参加评委工作。在港期间，他与台湾老画家黄君璧先生会面并交换作品。此外，关山月作品《红梅》为香港培侨中学义卖得60万港币，款项全部捐给该校；后又赴澳门访问，与昔日春睡画院的同学、画友关万里、黄蕴玉、谭允猷，学生朱锵，师兄司徒奇的学生、澳门颐园书画会会长崔德祺先生等人欢聚于当年关山月曾住过两年的普济禅院。他还特地为已去世的慧因和尚写了一首诗，刻在慧因墓的基座上。诗云：“逃奔国难痛难忘，得佛奇缘庇客床。两载禅灯齐弄墨，亦师亦友亦同窗。”

6月、7月间，关山月同广东画院全体创作人员住在南湖进行创作活动，关山月创作《长河颂》和《风雨千秋泰岳松》参加全国美术作品展，《长河颂》获“广东省美术作品展”二等奖；9月，应邀为新加坡中国银行创作大画《江南塞北天边雁》。关山月在创作感悟中写道："像创制《风雨千秋泰岳松》这样主题重大的巨画作，则应首先求势，而求质，也不过是为了更好地写势而已。""最近为新加坡的中国银行画了幅《江南塞北天边雁》……'意在笔先''笔墨当随时代'是我在创作上遵循的法则，此外，还不能忘记国画姓'国'。笔下既要有充分的客观和具象的生活依据，同时还要有浪漫的、意象的主观创作和探索精神。否则就不易产生有艺术感染力的作品。"11月，关山月赴京参加第五届全国人大四次会议，本年他还被北京中国画研究院聘为院务委员。

1982年是中日邦交十周年，国家委派关山月和夫人李秋璜赴日本访问，并由日中友好协会和朝日新闻社在日本东京高岛屋画廊举办"中国画坛的巨匠关山月画展"。中国驻日本大使宋之光夫妇，日本著名画家、评论家平山郁夫和宫川寅雄、光次郎等出席开幕式，出版了《关山月画展》画册。《朝日新闻》发表平山郁夫评论："在关山月的画室，我看他为我作画，只见他握笔在手，屏神静息面对宣纸，疾然下笔，一点一线一丝不苟，似乎把整个身心都倾注到画面上去了。身材不高的关先生，在画面上表现出来的力量和气魄是惊人的。俗语说：'是人格的再现'，优秀的绘画和出色的人格是分不开的，关先生的画也表现了他为人的风格。"

关山月还应邀为"中日邦交正常化十周年"纪念活动创作《梅花》作品，由中国邮政发行面值8分的纪念邮票918万枚。后到北京出席第五届全国人大五次会议期间接受新加坡刘奇俊先生的采访时，关山月谈到自己的创作计划："我的计划，就是将集中精神致力于《祖国大地》组画。我已经完成了第一幅《长河颂》，这是为了说明中国历史的长河尽管是曲折的，但他宽广坦荡，一泻千里，永垂千古。第二幅是创作一幅悬挂在新加坡中国银行的高达五米的大型山水画《江南塞北天边雁》，我是采用浪漫主义和现实主义的手法，以榕树、红棉、长城、雪山为画面，中间再以江河和大雁贯穿，使到整幅画达到和谐和统一。总之，今后我要争取时间，每年画一幅《祖国大地》的组画，活十年，画十幅，活几十年，就多画几十幅，我希望能为中国的国画艺术，多发一分光与热。"这段话发表在1983年3月10日的新加坡《南洋商报》。

新年前夕，关山月在印有自己的作品《红白梅》的贺年卡上亲笔写上“大千前辈万福，艺术生命长寿”十二个字，托美国林文杰教授带去台湾，代他向张大千老先生拜年。

另外，关山月与美国的林文杰、香港的赵少昂、台湾的张大千完成了一幅四地画家的合作画。关山月在《悼张大千先生》诗的注释中写道：“美国休斯顿贝勒医学院林文杰教授，是一位业余画家，他曾用一张四尺宣纸，先自己画了几笔春兰，赵少昂在其上写了一竿翠竹。一九八三年一月林赴台北访问张大千，大千看了合作画，便高兴地添上寿石和灵芝，最好由我于今年三月访问香港时以墨梅补成。画中的寿石与灵芝，可能是大千最后遗墨。”《人民画报》第四期发表了这幅合作画《梅兰竹芝》以及关山月诗作《悼张大千先生》。

1983年3月12日，关山月夫妇和黎雄才夫妇再次应邀赴香港参加“赵少昂、黎雄才、关山月、杨善深四人合作画展”，该展在香港大学冯平山博物馆举办，十分轰动。四人合作画展在香港结束后，新加坡美术评论家刘奇俊亲自将该展览带去新加坡国家博物院展出，后又转到美国三藩市中华文化中心展出，评论家们称作品“浑然一体，天衣无缝”。

1987年2月，在广东画院又一次举办“赵少昂、黎雄才、关山月、杨善深四人合作画展”，10月又在中国美术馆展出。同期，关山月被选为中共十三大的代表，并赴京出席会议。关山月为人民大会堂东大厅创作巨幅国画《国香赞》（260cm × 620cm）。12月3日，关山月参加岭南画派纪念馆奠基典礼，“四人合作画”获广东省鲁迅文艺奖特别奖，四位画家把四千元的奖金全部捐赠给岭南画派纪念馆基金会。岭南美术出版社还出版了《赵少昂、黎雄才、关山月、杨善深四人合作画选》。1988年8月，“赵少昂、黎雄才、关山月、杨善深四人合作画展”在台北市隔山画馆展出。后来在1991年，四位画家把这批合作画中的83幅作品，无偿捐赠给刚落成的岭南画派纪念馆收藏并展出。

关山月为了能在广州美术学院内建成一座由著名建筑师莫伯治设计的岭南画派纪念馆，带头捐出自己的画作，又呼吁各方捐款。香港有一位企业家指名提出要获得关山月的《春》《夏》《秋》《冬》四幅梅花作品，关山月只好割爱捐出画作，这位企业家就一次性捐给岭南画派纪念馆建设费用100万港元。在关山月和黎雄才等合力捐赠下，先后促成在广州建成和修复了岭南画派纪念馆、高剑父纪念馆、陈树人纪念馆、十香园等纪念场馆。

第九章 真实记录

1988年，珠江电影制片公司电视部想拍一部反映关山月艺术成就的电视纪录片，由著名导演王为一来完成。

王为一受关山月在“关山月近作展”自写的前言《我的画与话》的启发，就将纪录片的题目定为《关山月的画与话》。他决定让关山月用自己的话来讲自己的画，这是再好不过了。

关山月希望由王为一采访他，同龄老朋友，说话更随意。王为一就把纪录片的结构定为：导演拿已经拍好的有关关山月的录像资料到关老家来放给他看，两人边看边谈，摄像机就真实记录了他们的谈话。最后再组编成片子。用王为一的话来说：“也许这是前所未有的形式，可以说，这是一部仅有的结构设计而无具体剧本摄制成的纪录片。”

王为一在《大画家竟如此可亲可爱》一文中写道：“关老的说话是片子的主要组成部分，可喜可贵的是关老在镜头前如此的松弛从容不迫，且意情并茂，谈笑风生，把艺术理论深入浅出地使一般观众听来都能理解而感兴趣，真正做到了雅俗共赏。这也是我们制作这部片子的愿望。把祖国的传统艺术能超越各种界限弘扬光大，而能普遍地为人民所接受。”纪录片拍了“关山月近作展”的大部分作品，还有关山月为人民大会堂创作的几幅作品和为天安门城楼中央大厅创作的巨幅作品，及中国美术馆收藏他的作品等。还记录了关山月和广东画院的画家们去萝岗赏梅写生的情景，还有关山月示范中国画的表现风、雨、雪的技法，同时介绍了中国画的工具笔、墨、色、纸的功能。

王为一为拍此纪录片，作了笔记：“……想请他在镜头前画一幅画作示范，相信观众一定感兴趣的。关老答应了，我问他画张什么画?他说他要考虑一下，明天告诉我。第二天他见到我，说：‘我想画三幅画。’我一听就说：‘画三张太费时间了……’关老马上截住我的话说：‘我可以画三幅小一点的，主要想表现一下中国画的特点。中国画主要表现画的意境，而不是写实。我想用三张画来表现三种自然现象，如：风、雨、雪，中国画和西洋画的表现方式是截然不同的。’我听了后觉得这很有意义，便赞同了。”

“关老说：‘无风不起浪。’首先画‘风’，他画了海岸掀起了浪花，海边的树都顺着风势倒向一边，这已经明显地画出风的存在了，但这还不够，空中出现了几只小鸟，它们都跟海浪和树相反的方向飞的，关老说：‘鸟类都是逆风而飞的。’这样，画面上没有一笔是直接画风的，但风却强烈地使人感受到了。第二幅画‘雪’，关老说，西洋画上的雪都是用白颜色涂在物体上，街道和屋顶都画上白色的雪，而且还在空中飘着点点雪花。但中国画都是把空纸本色的白在画面上留出来。关老画的是一枝雪中的梅花，花和树枝上满是雪，但没有用一点白的颜色，全是在花上和树枝上留出宣纸的白，衬出点点红梅和露而不显的树枝，意境都是非常的美。第三幅是‘雨’，关老画的是雨中竹，他用浸满了水分的画笔画上几枝湿淋淋的嫩竹，添上几枝垂水欲滴的竹叶，地上泥水流淌，这已经使用人感到人在细雨蒙蒙的竹林里了。”

“关老把画好的风、雪、雨三幅画并挂着向我解释中西画的不同表现方法。最后问我喜欢哪一张，我知道关老想送我一张画，我认为画风和雪的画我都见过，只有画雨的画难得一见，就表示要那张画雨的，关老一笑，便在‘雨’的画上题款，送了给我。”这也表达了关山月对老朋友王为一的友谊和谢意。

1990年，电视纪录片《关山月的画与话》（2集）完成制作问世后，反响很好，使观众能从片中领悟到关山月一生执着追求的“笔墨当随时代”的目标。这就是王为一导演和摄制组的最终目的，美术界都很感谢他们为后人留下这些珍贵资料。

第十章 老当益壮

1983年，关山月作品《鼎湖组画》获广东省鲁迅文艺奖一等奖，他把全部奖金一千元转赠家乡阳江关村小学。而且每年六一儿童节，还要汇款给关村小学买节日礼物，他成为了深受师生们爱戴的“关爷爷”。老师组织学生们写作文、写信给“亲爱的关山月爷爷”，关爷爷对孩子们的关怀，使孩子们更努力地学习，为学校的教育工作起到了很大的推动作用。

关山月还带助手关怡、关伟等赴海南岛尖峰岭写生，在林区住了三个星期，一个月后离开海南岛，回到广州，关山月创作了《碧浪涌南天》等作品，还作诗《三访海南岛即兴》（九首）。作品《碧浪涌南天》参加“第六届全国美术作品展览”获荣誉奖，并被中国美术馆收藏。他在《从〈碧浪涌南天〉的创作谈起》一文中写道：“我习画已半世纪多，只能说，七十岁前都是打基础的时期。我一直以为，所谓基本功，首先应包括它的基本思想。在我七十岁前后致力于《祖国大地》组画的创作，数易其稿——对于中国画来说，就是反复画几幅，达到自己之所追求为止——如《绿色长城》画过三幅，《龙羊峡》画过四幅，《长河颂》画过三幅，最近三访海南归来的《碧浪涌南天》也画过三幅。”

10月，关山月夫妇应美国贝勒大学、德州大学、纽约市立大学、哈佛大学和柏克莱大学的邀请，赴美国讲学，同行的还有香港画家杨善深等。关山月在纽约市立大学作《岭南画派的绘画艺术特点》的幻灯片讲座；在柏克莱大学讲学时，关山月和杨善深为该校合作了一幅《松梅图》；贝勒大学聘关山月为名誉教授。访美期间，他们观游大峡谷，后到了西海岸的优胜美地（Yosemite），这里是国家公园，有壮观的森林、瀑布、雪山。回国后，关山月第一次创作了反映美国风景的作品《初雪》和《太平洋彼岸》。

1985年，广东省委任命关山月为广东画院院长。关山月赴北京出席第六届全国人大三次会议，又到济南参加中国美术家协会第四次会员代表大会，关山月被选为中国美术家协会副主席，后随广州诗社代表团访问泰国和新加坡，进行学术交流活动。之后，关山月夫妇和黎雄才夫妇应邀赴澳大利亚悉尼美术馆举办“关山月、黎雄才画展”。

9月，关山月到南京参加傅抱石逝世二十周年纪念活动，并在会上作《难忘的友谊，难得的同行》的发言。

关山月还到深圳参加“深圳美术节”活动，在大会上作《立足本国，面向世界》的发言。其中说道：“艺术作品是时代的产物，是生活的反映，时代不断地发展，生活不断地变化，思想也必然跟随着起变化，思想变了，笔墨一定要变。石涛说的‘笔墨当随时代’就是这个道理。”

10月11日，关山月参加广州美术学院岭南画派研究室为纪念高剑父老师106周岁诞辰而举行的纪念活动。在会上作《中国画革新的先驱——纪念高剑父老师106周岁诞辰》的发言，并口占一首《高师赞》。

1986年5月，关山月赴香港参加香港中文大学主办的“当代中国绘画研究会”，并作《试论岭南画派和中国画的创新》的发言，全文刊登于香港《大公报》。

关山月在该文中写道：“关于‘岭南画派’这个名称，并不是哪个岭南画家自封的，而是在历史发展过程中，由群众创造的。”“高剑父先生受了孙中山先生民主革命思想的影响和辛亥革命火热斗争的洗礼，于是立志对固有的旧中国画进行革新。他和陈树人、高奇峰先生以异军突起之势，揭起新国画的旗帜，以自己的天才功力和崭新的画风，给当时画坛以耳目一新的印象，时人为表示敬仰，称他们为‘岭南三杰’。后来‘岭南画派’这个名称，也就约定俗成地保留下来了。而当时高、陈诸先生对‘岭南画派’这个称号，并不满意，因为它带有狭窄的地域性，容易使人误解为只是地区性的画家团体。更主要的，它没能体现出吸收外来营养后使传统艺术发扬光大的革新国画的理想。所以高剑父先生从来没有用过‘岭南画派’这一名称，而宁可自称是‘折衷派’。在他心目中，‘折衷’这个用语，也并非为贬义的，只谓博采众长，合于一身而已。但长期以来，人们习惯于接受‘岭南画派’这个名称，而且它已经造成广泛的影响，所以这个名称也就被写进了现代美术史册了。”“长期以来，大家对岭南画派在艺术表现方面的特点，做过种种归纳。其中，‘折衷中外，融合古今’八个字，是提得最多的，确实这也是岭南画派最重要的主张。”这是关山月对岭南画派的总结。

9月，关山月偕夫人李秋璜和助手关怡、关伟应邀到新加坡访问。由新加坡国家博物院、新加坡中华书学协会联合主办的“关山月教授画展”在新加坡国家国家博物院展出，并出版《关山月画选》。

关山月为“周恩来百年诞辰纪念展”献画《雪梅图》，并题词：“清香铁骨梅精神，雪里开花来报春”。

当年的六一儿童节，关山月还为广州市少年宫成立35周年赠画《红土壮新苗》。

1988年，关山月书“欲穷千里目，更上一层楼”贺赠广州美术学院35周年校庆；3月到北京出席第七届全国人大一次会议，并当选主席团成员；5月，与广东画院画家到广东省龙门县南昆山写生，回来后创作《在山泉水清》；作《春竹》贺《南方日报》创刊40周年。

10月，广东画院举办“关山月近作展”，关山月自写前言《我的话与画》；又到北京参加第七届全国人大二次会议。为迎接新中国成立40周年，关山月应邀作大画《大地回春》，悬挂在北京天安门城楼中央大厅，并到北京天安门参加国庆活动。

70岁后的关山月，仍然是个“多产”的画家，连续创作了长卷《乡土情》《榕荫曲》《巨榕红棉赞》等，都是表现对广东岭南乡土的歌颂，怪不得徐悲鸿先生称他是“巨榕红棉乡人”。此外，他还为陈李济药厂成立390周年赠贺画《古木逢春》。

1990年夏天，关山月和陈章绩等到广东省阳春县写生，并为阳春县人民政府创作大画《梅花图》，于画上题词“梅花香自苦寒来，不是争春先独开”。

同年，关山月作品《国香赞》获“广东省庆祝新中国成立40周年美术作品展”优秀作品一等奖。10月至12月，关山月和夫人李秋璜、女儿关怡应邀赴美国旧金山市参加南海艺术中心落成典礼活动，赠送作品《红梅图》，悬挂在艺术中心大厅；后又至加州的风景区和尼亚加拉大瀑布写生。年底，关山月将自己的稿费捐给广州美术学院设立“关山月中国画教学基金”，用来奖励在中国画教与学上有成就者。

1991年，岭南美术出版社出版《关山月八十年代作品集》，台北淑馨出版社出版《关山月画辑（第1集）·乡土情》［《关山月画辑（第2辑）·山河颂》于1992年11月出版］。5月，关山月与夫人李秋璜应邀到美国纽约参加由中国美术协会和纽约东方画廊联合主办的“关山月旅美写生画展”，出版《关山月旅美写生画集》。展览结束后，关山月将个人所得的30余万元全部捐献给中国美术家协会设立关山月中国画教学创作基金。刘大为等画家首次获得关山月奖项。

6月8日，岭南画派纪念馆在广州美术学院落成，关山月在落成典礼上作《鼎新革故，继往开来》的发言，并献诗一首：“鼎新革故帜鲜明，继往开来担不轻。火炬点燃光大地，弘扬文化照前程。”广东省委宣传部任命关山月为岭南画派纪念馆董事会董事长。岭南画派纪念馆的落成，完成了关山月的一大心愿，他对海外回来参加典礼的画友们说，“这就是你们的家，希望你们常回来看看，多回来举办画展及交流……”

6月，台湾省立美术馆举办“关山月八十回顾展”，并出版《关山月八十回顾展》画册；河南美术出版社出版《关山月论画》一书。蔡若虹在该书《序》中写道：“一个诚实的、态度严肃的艺术家，一个勇于实践的艺术家——这是画家关山月给我的第一印象。”“我认为关山月最显著的优点之一，是他从来不厚古薄今。他执着于写生，执着于‘行万里路’，执着于描绘新生事物……”

同年，为资助江苏和安徽等南方七省市遭受百年未遇水灾的灾区人民，关山月将内地义卖两幅作品所得的人民币50万元和在香港义卖《梅花图》所得的港币35万元全部捐赠给灾区人民。本年关山月被评为广东省劳动模范。

同年关山月同家人赴广西参加“黄云书法展”开幕式，并重游漓江，回来后创作长卷《漓江百里春》。关山月说，他在1941年创作的《漓江百里图》，那是烽火战乱中的漓江，所以是焦黄色的调子。而在50年后的今天，又创作了《漓江百里春》，这是新中国成立后，新面貌、新气象的漓江，创作的心情也不一样，所以画面的表现和色彩都是欣欣向荣的。

10月30日，广东省文联、广东省美协、广东画院、广州美术学院、岭南画派纪念馆、岭南美术出版社在广州联合举办“关山月从艺六十周年学术研讨会”，并出版《万里行踪——关山月写生选集（第一辑）·革命圣地》（全套共四辑五册，后四册于1992年陆续出版）。香港翰墨轩也出版了《关山月临摹敦煌壁画》画集。

12月，关山月与黎雄才、陈金章、梁世雄、陈章绩、周彦生应邀赴新加坡河畔艺术中心举办“中国岭南画派六人画展”并进行写生和讲学交流活动。

1992年3月，关山月到北京参加第七届全国人大五次会议。当年六一儿童节，关山月赠画《报春图》给广州市少年宫。重阳佳节，关山月偕妻子、女儿、女婿重返故乡阳江参加风筝节活动。同时，“关山月、黄云、苏天赐美术书法展览”在阳江开幕，并出版《关山月、黄云、苏天赐书画选》。关山月作诗《还乡吟》：“饮水思源系故乡，童年旧梦线牵长。还来重阳四方客，为赛风筝耀漠阳。”又为家乡那蓬村管理区综合楼落成志庆题写贺词：“树有根，水有源，难忘成长漠阳天。”表达了他对家乡的情怀。

关山月的艺术创作离不开行万里路、采风、写生。他常说：“不动便没有画。”到晚年八十岁，他还向组织提出要去西沙群岛采风和慰问驻地部队。

1992年3月3日，关山月带着助手关怡和青年画家邓子敬、邓子芳、蔡于良一行五人，由部队安排，乘坐海军南航部队的直升机，从海南榆林港机场出发。直升机上就只有几个破旧的座位，一个小时后到达西沙上空，飞机专门低飞绕西沙群岛上空一圈，让画家们多拍些照片留为作画画参考用。中午到达永兴岛机场，西沙驻军的司令、政委、主任早已等待在机场，关山月激动地说：“感谢你们！使我的西沙梦成为西沙行，十年的夙愿终于实现了！”

主任告诉大家，西沙群岛有34个小岛，最大的是永兴岛，夏天地面温度高达49℃。岛上的井水也是咸的，不能饮用，淡水靠大陆每隔半个月或一个月用船运来，战士们种的菜地，也要靠大家从大陆运来一袋袋、一包包的泥土堆成。岛上的强台风会把篮球架吹上天空，曾有两位战士值班放哨时，被台风卷走而牺牲。战士们全凭着深厚的爱国精神，坚守在这神圣的领土上。关山月等人被他们深深感动着。在西沙逗留期间，部队除了安排画家们参观、写生外，还举办了一场看望驻岛子弟兵的慰问活动，张政委代表西沙驻地部队对全国人大代表、著名画家关山月一行来西沙慰问子弟兵表示感谢。他说：“关老是迄今为止来西沙人士中年纪最大，又是知名度最高的画家，这将永远激励着西沙军民。”接着，关山月给部队赠送他亲自书写的对联：“雄风安海岛，一柱定南疆。”其他画家们也赠送了自己的作品和画册。随后，关山月讲了话，说：“我代表祖国人民向你们表示慰问和感谢。这次我们的到来，除了是向子弟兵学习外，我们是在纪念毛主席《在延安文艺座谈会上的讲话》发表50周年之际来的。我们是人民的文艺工作者，我们要创作有中国特色的作品，我今年八十岁了，我有一个《祖国大地组画》的创作计划，我们伟大祖国的大江南北、长城内外，我都去过并画过，唯独祖国南海的西沙未来过，所以这次来西沙深入生活，要把美丽的宝岛和伟大的南海收入《祖国大地》的画卷里。”

部队还安排关山月一行在永兴岛上的“将军林”种植了一棵红椰苗，作为纪念树。六天的西沙生活非常丰富，关山月认为总有画不完的画和写不完的诗。

在西沙最后的日子里，关山月还写下了七首《西沙行感赋》的诗。

回到广州后，关山月创作了反映西沙题材的作品《云龙卧海疆》，现藏于深圳关山月美术馆。

10月9日，关山月参加岭南画派纪念馆举办的“关山月近作展”开幕式。10月底，他又赴港参加由香港区域市政局、香港中华文化促进中心在香港沙田大会堂举办的“关山月近作展”，同时在香港中华文化促

进中心画廊举办 “关山月画展之‘敦煌’”。关山月的多地巡回展都很成功。

1993年3月，关山月到北京出席第八届全国人大一次会议，并当选主席团成员。广州美术学院七名教师首次获颁发广州美术学院“关山月中国画教学基金”奖励。

1993年4月，“关山月近作展”应邀赴陕西美术馆展出，并前往宜川县黄河壶口和秦岭写生。关山月激情地作诗《游壶口赋诗》（二首）。回广州后，又创作《壶口瀑布》《黄河魂》等作品。

5月，关山月同广东画院的画家们前往福州市参加福建画院举办的“广东画院作品展”的交流及写生活动，后又到了武夷山、厦门、泉州等地采风写生。武夷山归来后，关山月即有诗作《游武夷山有感诗一首》及画作《漂游伴水声》。

6月，关山月和夫人、女儿、女婿应深圳市委、市政府领导的邀请，到深圳考察，选择兴建关山月美术馆的馆址，确定了位于福田中心区的莲花山南侧的土地为建馆工地。关山月应邀为东莞市博物馆创作大画《铁骨清香图》，又为江苏省江阴市题写“巨赞纪念堂”。

当年，广州美术学院授予关山月终身教授职衔。关山月写文《赢来难得晚晴天》。

11月24日早，关山月的夫人李秋璜在家中因突发中风昏迷，在医院抢救两天无效，26日上午9时在广州医学院附二院不幸病逝，享年74岁。当夜，关山月悲痛地写了两首诗《哭老伴仙游——为爱妻李秋璜送行》，哀悼爱妻。

12月3日，广州美术学院为李秋璜举办告别仪式，家人不让关山月参加，他含泪写下六个字“敦煌烛光长明”，放在爱妻灵前。

1994年3月，关山月到北京参加第八届全国人大二次会议，会议期间，全国人大代表、深圳市委书记厉有为公开宣布：关山月愿将其一生各个时期创作的代表作品捐赠给深圳市人民，深圳市人民政府准备修建以关山月的名字命名的国家的美术馆——关山月美术馆。

本年，关山月接任务为国务院总理接待外宾的重要场地北京中南海紫光阁创作大型山水画《轻舟已过万重山》。关山月创作的《绿源赞》

入选“广东省庆祝建国四十五周年美术作品展”。蔡若虹先生看过《关山月画集》后，赠诗七律二首《寄山月》，关山月又感激地写下《和蔡若虹赠诗》（二首），发表于《文汇报》。关山月又作诗《爱妻仙游周年悼》和画作《三友伴月图》来怀念爱妻去世一周年。关山月参观岭南画派纪念馆主办的“何家英工笔画展”后写诗《何家英画展后感》赞扬青年画家何家英的画作。

1995年1月9日，关山月及家人赴深圳参加关山月美术馆奠基仪式。并作诗《迎春感赋——关山月美术馆奠基寄意》，发表于《深圳特区报》；新春为武汉黄鹤楼作画《铁骨傲冰雪》；3月到北京参加第八届全国人大三次会议；后又为全国政协礼堂创作大画《黄河颂》。

关山月一向热心于公益事业，向广州市青少年发展基金会捐赠作品《一笑暖千家》，为广州市筹集教育基金而捐赠中堂画《清香系国魂》和对联“炎黄后代挺胸立地顶青天，中国人民昂首步云跨寰宇”。还为《广东公安报》公开发行10周年题写了12个大字：“安居乐业是人民群众的心声”，充分体现了关山月对社会治安的重视和对广东公安的期望。

7月1日，广州美术学院、广东省美术家协会、广东画院、深圳市文化局联合主办的“纪念抗战胜利50周年——关山月前瞻回顾作品展”在广州美术学院美术馆展出，关山月自写前言《我的自白》，并写诗《纪念抗战胜利50周年诗》（二首）；15日，该展览移至深圳美术馆展出。

中秋，关山月创作《寒梅伴冷月》，画上赋诗怀念夫人李秋璜。款为：“寒梅伴冷月。立业成家系一舟，今秋往事涌心头。敦煌秉烛助摹古，‘文革’遭殃屈伴中。陪索善真求创美，共泛洋洲壮神游。窗前梦境阳关月，寄意寒梅感赋秋。1995年中秋有感图此，并赋于珠江南岸。漠阳关山月并题记。”

1996年3月，84岁的关山月赴北京出席第八届全国人大四次会议。3月14日《人民日报》刊登《人大四次会议小组发言摘编》：“关山月（广东）：市长抓‘菜篮子’，省长抓‘米袋子’，‘脑袋子’不仅书记要抓，也要大家抓。今临盛会，即兴作诗一首：‘举世风云跨世纪，蓝图远景在心中。壮观天地任重大，爱国爱民日向东。’”关山月除了画画，还很关心国家大事和人民生活，所以他说："既然我是人民的代表，我就要为人民讲话，为人民谋福利。"

年初，深圳关山月美术馆筹建办派工作人员陈湘波、陈俊宇到关山月家中协助整理准备捐献给深圳市人民政府的作品和资料。深圳要建关山月美术馆，也促成广州要筹建广州艺术博物院。关山月表示说："我长期在广州工作，广州是我的第二故乡，我会留下一部分作品，让广州人民欣赏。"结果他真的做到了，深得广州文化界人士的好评。

4月，关山月和女儿、女婿等人应邀赴澳门参加由澳门中华总商会、澳门颐园书画会在澳门中华总商会大礼堂举办的"纪念抗战胜利50周年——关山月前瞻回顾作品展览"的交流活动。关山月说："我的抗战画是56年前在澳门画的，我在澳门开第一个抗战画展，56年后又回澳门开抗战画展，这是最好的回顾，最有意义的纪念。"在澳门期间，关山月特地前往当年创作抗战画的地方——普济禅院，作旧地重游，并为禅院写下一副对联："落难求生，有缘圣佛施荫庇；前瞻回顾，可贵恩师指航程。"此外，还为禅院画了一幅《雪梅图》。

关山月为毛泽东同志逝世20周年书赠对联"劳动人民解放翻身怀圣迹，中华儿女改天换地念忠魂"给韶山毛泽东纪念园。北京人民美术出版社编辑出版《中国近现代名家画集·关山月》。

应广州美术学院邀请，关山月还为全院师生作了一场"纪念抗战胜利50周年"的报告。特别注重地谈到他在50多年前创作抗战画的艰苦历程和重大意义，使大家受到很大的教育。

1997年3月，关山月到北京出席第八届全国人大五次会议。其间，在北京饭店举行赠书画给香港特区律政司长、全国人大代表梁爱诗收转香港特区行政长官办公室的简单仪式，表达他对香港回归祖国的祝贺。

6月25日，由国家主席江泽民亲笔题写馆名的关山月美术馆在深圳落成，各级领导及海内外各界人士3000多人出席了隆重的开幕典礼。关山月将自己各个时期的主要代表作品813件和一批文献资料捐献给深圳市人民政府，藏于关山月美术馆，供世人参观研究。开幕式当天下午还举行了研讨会。

深圳关山月美术馆展出"关山月捐赠作品展"，同时举办广州美术学院、广东画院、广州画院、深圳画院“四院联展”。关山月美术馆编辑出版了《关山月作品集》《关山月研究》《关山月诗选》《关山月传》《国画大师关山月》《关山月美术馆研讨会笔谈文集》。深圳关山月美术馆还举办了“关山月先生与深圳美术界座谈会”，关山月在会上作“我的实践经历”的讲话。

9月1日，深圳关山月美术馆举办“关山月写生画展”，展出关山月在20世纪40年代初期的写生作品89件，全部是捐赠给关山月美术馆收藏的作品。

10月，深圳关山月美术馆举办“山河颂——关山月作品展”，展出关山月山水作品59件，全部是捐赠给关山月美术馆收藏的作品。

国庆节，为纪念周恩来总理一百周年诞辰，关山月赠画《铁骨傲冰雪，幽香沁大千》给北京毛主席纪念堂。

11月，关山月捐赠作品145幅给广州美术学院岭南画派纪念馆收藏，岭南画派纪念馆举办了“关山月先生捐赠作品展”。关山月在捐赠作品的过程中考虑得非常周全：捐给广州美术学院岭南画派纪念馆的是以教学题材为主的，也是为广州美术学院教学作贡献；捐给广州艺术博物院的多是以广东为题材的代表作；捐给深圳关山月美术馆的是最全面的，更利于世人做研究工作。

关山月在女儿关怡的陪同下，应邀赴加拿大访问，11月23日，在加拿大温哥华美术馆参加主持由江泽民主席和钱其琛副总理出席开幕式的“中国20世纪名家国画展”，参展作品中有文化部收藏的关山月的作品《新开发的公路》。本次画展是由加拿大保护中国文物基金会和中国展览交流中心联合主办的，被加拿大政府列入“加拿大亚太年”活动的一部分，是在亚太经济合作组织部长级会议和领导人会议在温哥华召开期间举行，活动加强了各国对中国文化的了解。随展代表团由关山月任团长，关山月还捐赠了一张《梅花图》给加拿大保护中国文物基金会。

年底，关山月创作《松涛伴泉声》赠贺人民日报社华南分社的成立；同时，还赠画《报春图》给北京大学百年校庆收藏。

关山月捐资六万元给家乡阳江市江城区埠场镇那蓬管理区修建麻濠桥和新河桥。他对家乡的文化教育及公益事业都做出了很大贡献，曾捐款、捐字画给阳江县文化馆、那蓬管理区、阳江师范学校、关村小学、关山月中学、石滩小学、阳西县奋兴中学等单位。

关山月还捐作品给广州美术学院一位因病需要实施换肾手术、所需费用达30万元的本科学生，师生们都称赞关山月老师做了许多无私奉献的好事，是个高尚的人，也是大家学习的榜样。

86岁的关山月经常说："学到老来知不足。"晚年的他，仍不停地学习、工作着。他特别喜欢写诗，书桌上放着他最爱读的《唐诗三百首》和《诗韵》等书籍。闲时，又作诗《晚晴天感赋》七律一首。他说："我是有感而发，绝不是无病呻吟。"说明他对生活和诗歌的热爱。1998年1月2日，《南方日报》发表了关山月诗作《九八元旦吟》。

2月，关山月应澳门商会会长、新会市政协名誉主席崔德祺先生之邀，带女儿关怡赴新会春游，并为新会著名旅游景点"小鸟天堂"题字。还与友人到广州长隆野生动物园参观写生，回来后创作了《虎年画虎》一画。

关山月接受中共中央办公厅的任务，为瀛台迎熏亭正厅创作了大画《源流颂》。这是国家领导人接待各国元首会面的地方，风景非常优美，《源流颂》挂在正厅中央，更是赏心悦目。

5月，关山月赴湖南张家界采风写生，归来后创作《张家界风光》长卷两幅。

6月15日，关山月和女儿关怡等赴香港参加由香港集古斋在香港大会堂展览厅举办的"庆祝香港回归一周年暨集古斋开业四十周年·关山月书画作品展"，并出版了书画集。

6月29日，深圳关山月美术馆举办"丹青搜山川美·关山月张家界写生纪实图片展""祖国大地——关山月山水画展"和"关山月人物画展"，三个画展的作品全部都是关山月捐赠给关山月美术馆的藏品，展后还召开了座谈会。

9月，深圳关山月美术馆在成都四川省美术馆举办"关山月先生学术专题系列·关山月山水画展"，并编辑出版了《关山月写生集·西南山水写生》《关山月作品选》。

关山月出席在北京召开的中国美术家协会第五次全国代表大会，

并被聘为中国美术家协会艺术顾问。其间，关山月赠画《红梅傲雪俏报春》给抗洪部队，并在赠画仪式上赋诗一首，中央军委派遣代表参加赠画仪式并接收赠画。

关山月应广州市六榕寺的广东省佛教协会主席云峰大师之邀，为六榕寺补写“空谷回音”一匾。在画家卢延光的陪同下，云峰大师亲临广州美术学院关山月家中拜谢。关山月还为纪念佛教传入中国两千年，题写一个“佛”字赠送广东省佛教协会，又为广州集雅斋创立15周年题词“翰墨缘”。

岭南画派纪念馆举办“关山月近作展”。关山月还与广州美术学院国画系师生在岭南画派纪念馆召开座谈会，解答了许多学生提出的有关绘画创作上的问题。

12月3日，关山月带女儿、女婿、助手回故乡阳江参加关村小学建校76周年暨“关山月教学楼”落成典礼，并即席为母校图书馆题字“学海无涯”，还返回出生地果园村的祖居并在古榕树下留影；又为阳江市青年美术家协会题贺书法“百花齐放”。这是关山月最后一次回到故乡，他对家乡的热爱和贡献，给家乡人民留下了深刻的印象。

10日，广州美术馆举办“关山月捐赠作品展”。关山月向广州市人民政府捐赠书画作品105幅，收藏于广州艺术博物院关山月艺术馆。同日，深圳关山月美术馆举办“关山月先生学术专题系列·关山月山水手卷作品展”。 关山月感慨地说：“我自己在家里都不可能把整个手卷打开全面地看，只有捐给关山月美术馆才有条件看到手卷作品的整个面貌。感谢政府让我的作品有了一个好的归宿。”

1999年元旦假期，关山月带女儿、女婿、外孙到从化流溪河国家森林公园赏梅，还为梅园题“流溪香雪”四字。听梅园的负责人说，关山月的四个题字曾有香港商人提出用高价收购，但梅园不同意，因为这是他们最珍贵的墨宝，必须永久收藏，现已放大刻在石碑上了。

2月，关山月受马来西亚私立第一现代美术馆之邀，带女儿、女婿、外孙、助手赴马来西亚访问、写生。途中作诗《马来西亚重游杂咏》（五首），归来后创作国画作品《绿洲林海荫人间》。海南出版社出版了广东美术馆编的《关山月新作选集》。

5月下旬，关山月同女儿关怡应邀赴澳门参加高剑父诞辰120周年纪念活动，并赋诗《纪念高剑父诞辰120周年》。

6月9日，关山月参加由中国美术家协会主办的在北京中国美术馆举行的“关山月近作展”和“关山月作品研讨会”。关山月的作品在北京展出，使首都人民和美术界的同行们对岭南画派的认识，对广东画家的作品进行了高度的评价。

17日，由深圳关山月美术馆和上海刘海粟美术馆联合主办的“关山月中国画展”在上海刘海粟美术馆开幕；18日，由中国美术家协会主办的“关山月近作展”在上海图书馆开幕。关山月赴上海出席了这两个展览的开幕式。上海的朋友说：关山月在上海同时举办两个画展，使沪上艺坛出现了“关山月热”，关山月曾于20世纪40年代末在上海办过写生画展，这次是阔别半个世纪，携带百多幅力作，重返黄埔江畔，展现岭南画派的艺术风采，给上海人民带来了美的享受。展览期间，关山月参观了上海博物馆、上海豫园、金茂大厦、上海外滩等，并为上海豫园建园440周年题词“翰墨千秋”，为上海金茂大厦全面开业庆典留下墨宝“天地合一”。同时，他还到苏州园林、水乡周庄等地采风、写生。关山月高兴地说：“在上海、苏州观赏到优美的风景，品尝到闻名的美食，也是人生一大快乐。”

30日，广东美术馆举办“关山月近作展”并出版发行《关山月新作选集》，关山月在开幕式上捐赠作品《墨竹图》给广东美术馆收藏。

暑假，关山月在女儿、外孙、助手等人陪同下，到云南丽江高原、长江第一湾、金沙江畔的虎跳峡、香格里拉等地采风、写生。高原气候的反应是令人心闷气喘的，但关山月还坚持在海拔3800米的碧塔海畔画速写。

10月13日，关山月参加香港大学冯平山博物馆举办的“高剑父诞辰120周年画展”和“高剑父艺术研讨会”等纪念活动，并在研讨会上作了发言。

广州美术馆也举办了“纪念高剑父诞辰120周年画展”及活动，关山月作诗一首并书赠广州美术馆。

12月21日，关山月写信给重庆市美术家协会副主席周顺恺，祝贺他的作品《最后的嘱托》获第九届全国美展“关山月中国画创作奖”。关山月称赞他的作品是怀念周恩来总理的好题材，表现手法也很好，是值得奖励的好作品，希望以后有更多这样的好作品问世。

关山月还为广州培正中学创办110周年题赠“百年树人”书法。

大家都说，关山月的晚年是忙忙碌碌过着每一天，但他说自己是过着“晚晴天”的每一天，是有意义的每一天。

他在《赢来难得晚晴天——我的自由》一文中写道：“新中国成立后，中国人民站起来了，我也光荣地成为国家的主人；我的艺术也从此获得了新生，使我更明白了‘为什么画画’‘画画为什么’的人生观与艺术观。改革开放以后，我又庆幸地赢来了难得的晚晴天。”“我们一定要弘扬中华文化，因为我们的中华文化有几千年的传统历史，在世界上具有雄厚而独特的优势，也是炎黄子孙的一种爱国主义教育的凝聚力。在建设有中国特色社会主义的今天，我们应使之发扬光大，并用以为国争光，为民族争气。”“在创作上我深刻体会到生活的重要性。创作没有生活的依据，等于‘无源之水’‘无米之炊’。”这就是关山月在自己的艺术道路上通过实践总结出来的观点。

第十一章　山月长明

2000年，已经88岁的关山月偶然之间对女儿关怡说到自己今年是“两副眼镜”的年龄了，关怡没有正面答复他，其实两人心中都知道其中的意思。

那是在多年前，关山月与好友中国佛教协会会长赵朴初见面聊天，关山月开玩笑地问赵朴初：“你不是很会算命吗？你看我有多长命？”赵朴初说：“你是两副眼镜的命。”关山月又问：“那你自己呢？”赵朴初答："长你六年。"当时两人对笑而言。但后来果真应验了。

2月，由广州美术学院岭南画派纪念馆和深圳关山月美术馆联合主办的"迎新春——黎雄才、关山月画展"在深圳关山月美术馆举办，展出黎雄才作品35幅，关山月作品34幅。

春节期间，关山月还为广东三水市实验中学题写校名。他经常是无条件地为学校，特别是希望工程的小学题写校名和题词，他认为这是对教育事业的支持。

3月，关山月由女儿关怡陪同，应邀赴澳门参加"司徒奇艺术回顾展"开幕式，并为《司徒奇艺术回顾画展》《司徒奇艺术回顾画集》题字。关山月还重游澳门普济禅院，回忆之余有感，即席书写了一首七绝："濠江圣地有前缘，寺院难居抗日年；以笔代戈图战事，今来旧地换新天。"留在普济禅院作纪念。

4月，海南出版社出版大型画集《天香赞——关山月梅花选集》。这是关山月在为他的梅花展做准备工作，关山月的女儿关怡曾在接受记者采访时说："每逢喜庆节日，父亲总有梅作问世。以梅咏怀，以梅言志，梅是父亲情感的寄托。而实际上，梅花苦寒、高洁、愈老愈精神的品格，正是父亲一生的写照。"

4月28日，关山月出席了由中国美术家协会在北京中国美术馆举办的"关山月梅花艺术展"开幕式。会上宣布中国美术家协会成立关山月艺术研究会，由中国美术家协会常务副主席刘大为任会长。

5月1日，关山月登上泰山写生，登泰山是他多年来的愿望，他说他一生从未到过五岳之首的泰山，老来时应该补上这一课，还说自己"真是有眼不识泰山"，并兴奋地写下一首五绝诗《泰山吟》："行年八十八，首次泰山攀。亲友相陪伴，游归庆晚餐。"关山月一行还到孔子墓、大成殿、孔子坐像前，他率领大家，深深地向孔子像鞠躬行礼。

5月，岭南画派纪念馆举办"关山月梅花艺术展"。

同月14日，关山月同广东画院画家一行十人赴澳门卢廉若公园展览厅参加"广东画院建院40周年中国画邀请展"开幕式，关山月作品《暗香浮动》参展。这是关山月最后一次参加广东画院的活动，也是他最后一次重访澳门。

18日《光明日报》发表关山月诗作《艺海新天颂》。关山月应邀为广州市越秀区大新街的文化旧址“状元坊”新牌坊题写坊名，还为阳江书画学会题写“漠海墨潮”，又为香港中国文化馆出版的《我的母亲》第七辑题写书名。

关山月为向张学良将军祝寿，在画家籍忠亮所画的《龙子图》上题“张学良将军百年华诞，关山月题”。

晚年的关山月很乐意为大家书写有意义的题字，大家都说关老写的书法越老越有劲，他说：“我拿了一辈子的毛笔，正是‘无数江山供点笔，尽驱春色入毫端’。我的劲就在笔端上了。”

6月25日是深圳关山月美术馆建馆三周年纪念日。关山月同助手关怡、关志全等赴深圳参加活动。上午应邀参观深圳商报社，下午到关山月美术馆，参加由中国美术家协会、关山月美术馆、中国美协关山月艺术研究会主办的“关山月梅花艺术展”开幕式和“关山月美术馆建馆三周年、关山月梅花艺术展座谈会”。关山月也发表了讲话。

29日，关山月为著名版画家黄新波的母校台山市第一中学题写“奋发”二字。这是他留给世人的最后一份墨宝，表明他深爱着教育事业。他经常说自己是师范毕业的，是当老师出身的，所以他一生中为教育事业，特别是中小学做过很多贡献。

6月30日，广州美术学院为庆祝中国共产党建党79周年召开党员大会，由于天气炎热，关山月请了假。他自己在家中整理准备赴台湾展览的资料。在这之前曾要关山月填写去台湾的申请表，有一栏目是“何党派”，别人叫他不要填写该栏目，但他说：“我是一个堂堂正正的中国共产党党员，为什么要隐瞒身份？我要填。”这就是关山月热爱祖国、热爱共产党的表现。夜间11时，关山月突然起床对关怡说觉得头很疼，他自以为是感冒引起的，关怡要打电话给古英明医生，他却说：“太晚了，别人都休息了，不要麻烦别人。”接着他开始呕吐，喝了一口水后，他就出现昏迷状况，家人即时用车把他送到对面的广州医学院附属第二医院急诊。经CT检查，确诊关山月是因高血压引起脑大面积出血。鉴于病情危急，医院立即成立了医疗抢救小组。广州医学院院长钟南山院士等人亲临现场指挥抢救，并立即向省委汇报。在准备手术之前，关山月的血压突然快速下降，呼吸减弱，使手术无法进行，即上呼吸机辅助呼吸，并转入ICU治疗。

7月3日17时08分，关山月心跳停止。

同日，新华社专电："新华社广州7月3日电（记者张知干），以创作人民大会堂巨幅国画《江山如此多娇》闻名于世的我国当代著名国画艺术大师关山月，因病抢救无效，于7月3日17时08分在广州逝世，享年89岁。"

7月4日，筹备了六年的广州艺术博物院关山月艺术馆装修完工。

7月10日，关山月遗体告别会在广州殡仪馆举行，社会各界人士4000余人前来向大师告别。时任中共中央总书记、国家主席、中央军委主席江泽民专门发来唁电："广东省委办公厅转关山月亲属：惊悉关山月同志病逝，谨致哀悼，并向亲属表示衷心慰问，望节哀。江泽民2000年7月10日。"

由广州艺术博物院编的大型画集《广州艺术博物院珍藏丛书·关山月艺术馆藏品》出版。可惜关山月看不到了，但广州人民永远会感谢他所做出的贡献。

关山月先生虽然不在了，但他的"梅花艺术展"还在深圳关山月美术馆展出着，他的作品和精神永远留在人们心中。

9月23日，广州艺术博物院关山月艺术馆开幕，并展出他生前捐赠的作品，前来参观的人络绎不绝。大师的画作，吸引着人们的目光，大师的品格，更令人赞叹不已。人民艺术家关山月，将自己一生最重要的作品，全部捐献给了国家，深受人民的爱戴和怀念。

9月25日，陈香梅女士挥笔写下了"关山月长明"五个字，挂在由叶选平题写牌匾的关山月故居里，以此纪念这位20世纪杰出的国画大师。随着广东省关山月艺术基金会的成立，他的精神得以继续继承和发扬。关山月的艺术榜样不朽。

第二篇

众说关山月

《关山月纪游画集》序

徐悲鸿

艺术乃最无束缚、极度自由之世界，故襟怀广博、感情敏锐之士，以几年苦功把握造物之色象，以后即可聘其才思所至，尽情发挥，毫无顾忌（只不违反公德），不足则益以游纵，扩大见闻范围，或研讨学术，开辟思想，此古人读万卷书、行万里路之意也。

岭南关山月先生，初受高剑父先生指示学艺，天才卓越，早即知名。抗战期间，吾识之于昆明，即惊其才情不凡，关君旋游塞外，出玉门，望天山，生活于中央亚细亚者颇久。以红棉巨榕乡人而抵平沙万里之境，天苍苍，地黄黄，风吹草动见牛羊，陶醉于心，尽力挥写；又游敦煌，探古艺宝库，捆载至重庆展览，更觉其风格大变，造诣愈高。信乎！善学者之行万里路，获益深也。胜利之后，关君走南洋，所至声誉鹊起。

今将集其精华付梓，敬举所知，为阅者告。

卅七年大暑悲鸿序于北平蜀葵花屋

［原载《关山月纪游画集（第一辑）·西南、西北旅行写生选》《关山月纪游画集（第二辑）·南洋旅行写生选》，广州市立艺术专科学校美术丛书，1948年8月］

《关山月画集》序

黄新波

我和关山月同志初次见面，是在40年代初的那个姗姗来迟的春天。记得那是抗日战争艰苦岁月里的一个寒潮逼人的日子，我们在桂林七星岩下一个简陋的公寓里会见了。那时候，山月是那么年青，满怀抱负，浑身都洋溢着青春活力。我们一见如故，看画、论事，谈笑见生，开始了我们日后随着时光流逝而益加笃厚的情谊。

在当初，山月是选择了这样一条创作道路的：他一反从前人的作品里寻找题材的老路，跳出窠臼，直接从大自然和现实生活中寻找描绘对象。

那时，中国传统绘画，在西洋文化的冲击下，发生了很大的变化；特别是广东画坛，经过晚清画家居巢、居廉兄弟提倡写生，强调观察生活，画风大改。他们的学生高剑父、陈树人和高奇峰，后来到日本留学，受到西洋绘画的熏陶，回国后，积极提倡“新国画”运动，这就形成了中国近代美术史上的“岭南派”。

山月是高剑父门下的学生。他的艺术道路，正是在“岭南派”的影响下起步的。从他1939年作的《百合花》，就可以明显地看到他的师承和流衍。

过去中国画许多是从写生而来的，但明清两代大都习惯于仿效前人之作，一笔一墨都讲究师承。“从来笔墨之探奇，必系山川之写照，善师者师化工，不善师者抚缣素。”（竺重光语）而山月却勇于挣脱桎梏，有自己的探索和理解，在“以造化为师”的启发下，走出画室，

“挹民间生活，而以写生之法出之”。他早期的作品，就是人民群众苦难生活的写照。

从山月早期的作品来看，可以见到他当时对生活的理解还是比较朴素的，见什么，画什么，较少考虑作品的社会效果。往往只是基于一种直觉的同情心，对不合理的、丑恶的社会现象感到愤怒。他当时的作品，可以说就是这一类感情的形象的记录，但是观点毕竟还比较模糊，还不曾升华到阶级分析的高度。

抗日战争时期，山月逃过难，更深痛国土惨遭蹂躏，以国家兴亡、匹夫有责的敌忾心，在澳门创作了一批有关抗战题材的作品，带回内地，希望参加抗日救亡宣传活动。他先是在韶关租了一个会场展览他的作品，刚展出，便被敌机炸毁一角。后来，他辗转来到桂林找我们，我们对他十分欢迎，动员中华全国木刻界抗敌协会驻桂林办事处的几位画家，帮他布置展览，我自己就曾为他的画展担梯挂画。《从城市撤退》《中山难民》，就是那个时候展出的作品中的两幅。关于这些画，我当时曾在《救亡日报》上写过文章予以评介。记得当时我在肯定他的创作活动的同时，也指出过他的不足之处。我说暴露日寇的罪行和反映人民的苦难，当然是可以的。但是，没有利用他的作品唤起人民群众的斗志和鼓舞他们的胜利信心，则不能不说是一个缺陷。抗日战争，使山月看到一些问题，激发起他的一股爱国心，但是由于他曾一度为失败主义思潮所影响，对抗战前景信心不足。反映在他的作品上面，是消极方面的现象过于突出了。

全面抗战的八年中，画家为实践“行万里路”的抱负，辞却重庆国立艺专教席之聘，在战尘滚滚中，从西南走到西北，奔波于桂、黔、滇、川、康、青、甘、陕各省。这段流浪生活，使他有机会看到危难中的祖国河山，看到人民的苦难，加上他自己坎坷的境遇，使他不免感慨万千。在《塞外驼铃》《黄河冰桥》中，一抹灰暗的云块压住荒凉的大漠，一滩白茫茫的冰河，在古老秃残的城垛下流淌，一列驼队默默前行，几匹马无声地俯饮寒流，这正是当时画家苍凉心境的流露。

在艰苦的旅途生活中，画家通过观察，看到了满目疮痍的残酷现实，他是有所发现，也有所触动的，但毕竟比较局限于对事物表象纯客观的观察，未能由表及里，触及社会生活的本质，看不透人民群众的心怀和他们潜藏的力量。不过，话得说回来，这批画从艺术上来说，只反映了画家在自己的艺术道路上的初探，当时不少中国画还局促于狭小的天地之中，不敢逾越固定的程式，山月勇于挺身而出，面向血淋淋的现实，这种精神已是十分难能可贵的了。所以，1944年郭老（郭沫若）在他的西北写生画上题道："……纯以写生之法出之，力破陋习，国画之曙光吾于此为见之。"这正是对山月当时的艺术道路十分中肯的评语。

抗战期间，山月曾在重庆待了一段时间。在重庆这个所谓战时陪都，国民党的倒行逆施，人民群众的重重灾难，使他在政治上有了进一步的觉醒。1947年，他回到广州任教于市艺专。在广州的学生运动、工人运动的推动下，他投身到实际斗争行列中去，受到国民党反动派的监视。他曾收到一封恐吓信，信里画有两颗子弹。他在广州待不下去了，只好逃到香港。山月和我们又在香港相会了。那时，我们在香港组织了一个"人间画会"，团结在港和从国统区逃来的画人，举办画展，组织学习，迎接解放。山月便是在这个时候，第一次读到毛泽东的《在延安文艺座谈会上的讲话》的。这篇历史性的革命文献，使他懂得了作为革命的文艺工作者所必须懂得的许多道理。

新中国成立后，党领导知识分子走与工农兵相结合的道路。山月在广东沿海与山区参加了两年多的土地改革运动。运动后期，他做了不少配合中心的宣传工作，画了许多具有战斗性的连环画、漫画。那时《南方日报》的报眼画，有些就是出于他的手笔。

斗争生活改变了画家的思想面貌，也为画家提供了丰富的创作源泉。山月在50年代后期的作品有了新的飞跃，无疑正是他在毛泽东文艺思想指引下，经过一段火热斗争的锻炼的结果。他对时代精神有了新的认识，对劳动人民内心世界有了新的体会。《新开发的路》《山村跃进图》等都是很好的说明。过去作品里那种孤寂、压抑、喘不过气来的情调，被热烈、明朗、充满希望的画面所代替了。

如果说山月50年代的作品，尚嫌艺术加工不足，那么到了60年代，已经有了长足的进步，显得更加简练，更加集中，意境更加深远了。看来，画家的艺术实践，此时已进入了炉火纯青的境界，解放了思想，胆子大了，信心足了。敢于肆意挥洒，泼墨走笔，酣畅淋漓，作品出现了虎虎生气。《雨后云山》《东风》《疾风知劲草》《煤都》《飞雪迎春到》《图们江上》《瑞鹤图》……这些难得的佳构，标志着画家在艺术上业已攀登到新的高度。这显然是与60年代之初短暂的艺术民主空气有关的。

“文化大革命”后期，山月也写过一些画，笔墨明显地拘谨了。如果说，60年代的作品是“剑胆琴心”，那么，到了这个时期，特别在林彪、“四人帮”的文化专制主义的统治下，他显得琴心有余而剑胆不足了。这是画家在精神上感到压抑的反映。

从干校回来，山月有不画不甘心、画了又担心的思想，但他并没有丧失信心，而是小心翼翼地，战战兢兢地画。那时候，没有人理睬他，赋闲着的他，有很多时间画。虽然在林彪、“四人帮”的思想禁锢下，他有点束手束脚，但他的《长城内外尽朝晖》《绿色长城》《俏不争春》《天山牧歌》等等作品，仍旧在人民群众中获得了好评。

在“四人帮”横行霸道的日子里，山月的思想很矛盾，常来找我谈（自然是关起门来谈）。他对“四人帮”那一套是不相信的。他画他的画，默默地继续走他自己的路，有所探索，有所追求。随着砸烂“四人帮”的精神枷锁，更有了新的突破。最近山月从塞外和三峡归来，一鼓作气，画了好几幅画。这批画，说明他的思想又一次得到解放，情绪饱满，笔墨潇洒。像《水仙》那幅，就很有他60年代的那种泼辣劲。

上面说过了，山月画的风格，50年代开始形成，60年代鲜明地突现出来。他是公认的岭南派，其实他跟过去的岭南派相比，有了很大的发展，大不相同了。过去的岭南派，受到西洋画，特别是日本画的影响，形成了与以往传统国画不同的新面貌，但开始的时候，还来不及完全消化。“二高一陈”，尤其是高奇峰，他们早年的画，一看就能看出“东洋味”来，跟日本画有些类似。其实，日本画也是从中国画变过去的，但他们发展成为他们自己的东西。我们有如此深厚传统的中国画，为何不能走出新路？这对当时一些矢志于革新的画人来说，是很大的启迪。岭南画派正是受到这种启迪而发展起来的。它的特点是有革新精神，在内容上反对抄袭前人，主张面向生活，提倡写现实生活中的东西；在技法上，主张借鉴西洋，吸收西洋绘画的理论与技术。山月发扬了岭南派的特点，生活面更广了，题材内容更丰富了。他遵循毛主席“古为今用、洋为中用”和“百花齐放、推陈出新”的方针，多年来作了不间断的艰苦努力，表现形式和技法更多样了。山月自从接受马列主义、毛泽东思想以后，艺术创作有了较明确的道路和方向。新中国成立以来，他通过艰苦的、具有鲜明创造性的艺术实践，无论在内容上或形式上，都使岭南派面貌焕然一新。在岭南派画家中，他走出了新路，是“异军突起”。他的作品，重概括，求集中。做到从繁到简，以简现繁，画中情绪饱满，色调润泽，有笔有彩，生活气息浓厚，也容易为人理解。他无论画什么，都能传其神意，这跟他有丰富的生活积累，同时对生活有深厚的感情与深刻的理解有关。作为一个革命者，他投身到实际斗争的洪流中去，锻炼自己；作为一个画家，他遍走祖国名山大川，所以他的作品激情澎湃，气魄雄伟，真可谓画卷含英气，笔下有雷声。山月的艺术造诣，雄辩地印证了文学艺术对生活的依存关系。山月对深入生活，是坚定不移、躬行不渝的，在任何情况下，他都从不动摇。他在自己的许多画幅上都钤上“从生活中来”的印章，正足以说明他的主张与信念。

最近，他完成了一幅13米长的《江峡图卷》草稿，更见他深入生活的决心与艰苦。山月已届67岁高龄了，为了画好这张画，他先从武汉乘船溯江而上，后又乘船顺流而下，时而罢棹中流，时而弃舟登山，画了两大本速写，尽揽江峡风光胜迹。可以预料，这幅长卷将是一幅源于生活的气象万千的伟构。坚持从生活出发，从内容出发，从对象的特色出发，来把握对象，表现对象，重视解决内容与形式的关系，是山月画的一大特色。因此，他的作品往往不限于某一种既定的章法，而是给多彩多姿的生活以崭新面貌。为了表现出生活给他的感受，他常常在画里题上“不计工拙”，就是说，什么方法他都用上，包括打破前人一般的艺术陈规，创新的表现技巧。他有一个闲章“古人师谁”，真是问得好！他能从传统中来，又不拘泥于传统，他是从来不斤斤计较他笔从何法、画承何家的。他开放藩篱，兼收并蓄。他善于吸取民族绘画的优秀传统以及外国绘画的养料，年青的关山月就曾经点着油灯，深入中国古文化的洞穴，饥渴似地临摹了一批敦煌壁画；他到过法国、瑞士、荷兰、比利时、苏联、波兰和日本，饱览了欧洲文艺复兴时期的大师和近代、现代诸家的宏幅巨构。古今中外的美术作品，都成为他享用不尽的一批精神财富。识见不到，功力亦不会达到；只有不间断地分析、研究和吸收，才能有真正的创造。

浏览山月的全部作品之后，人们总有这样的感觉；画家不时改变他的画风，时而突出烘托渲染，时而水晕墨章；时而着重赋彩制形，时而皴擦勾勒，风格似乎还没有定型，其实这正是他不满足已经取得的成就，继续不懈地探索的表现。

石涛有云："笔墨当随时代。"题材内容是崭新的，表现形式也要是新的；即使有些题材虽然还是旧的，但思想感情是新的，新的思想观点必然会促使形式的改变。

时代是在不断前进的，因而艺术创造也在不断发展，所以画家不待穷而变，变中求变，千变万化。用山月自己的话去说：现实生活是丰富多彩的，而反映生活的艺术怎能够千篇一律?

我们的作品必须具有时代的精神，富有民族的气派和地方的特点。所以山月又说，万变不离其宗。我们不能割断历史，画风无论怎样变，还得是民族的东西，而不能变"种"；至于借鉴，也必须经过消化成为自己的营养，而不应变成代替。

关山月同志在艺术园地已经辛勤地劳动了四十多年。党和人民给予他应有的荣誉与较高的评价，但他依旧永远向前看，不停步。每攀登一个高峰，他都视为攀登下一个高峰的基石，毫不满足。他认为：艺术如同奔腾不息、没有尽头的江流，并非个人的事业，需要无数人世世代代地使它发展下去。在80年代即将开始的时刻，画家壮心不已，正在举步踏上新的征程。作为山月的老战友，我感到十分欣慰和兴奋，仅借《关山月画集》出版的机会，祝他老而弥坚，为党和人民作出更大的贡献。

一九七九年春

（汤集祥记录整理。原载《关山月画集》，广东人民出版社1979年版）

关山月的创作历程

黄蒙田

关山月画展在首都开幕了。这是一个大规模的个展，展出作品177幅——其中有长卷和联屏，另外还有临摹敦煌壁画66幅。这是一个回顾性质的画展，展品包括作者自30年代末到80年代四十年间创作历程的作品。对美术爱好者来说，不论是从欣赏或研究的角度出发，这些代表了画家关山月各个时期风格特色的作品，提供给我们理解一个画家发展的宝贵材料。对关山月来说，这也是一个重要的画展。

从30年代后期起，我就是关山月绘画作品的读者。其时他正在春睡画院随高剑父学习。以后在不同时期和不同地方，常有机会看到他的作品，包括私人场合和画展会场上，其中有些作品甚至是看着他完成的。因此这回画展上的许多作品是熟悉的，现在重温它就引起我的一些回忆，特别是40年代山月在极其困难的生活条件下创作，现在想起那些日子就觉得这些作品实在得来不易。画展陈列最早的作品之一《中山难民》创作于1939年，我想起了当年看过创作于同时代的联景《三灶岛》，这些作品强烈的生活气息和现实意义不但引起我的注意，并且让我以后一直留意这个画家的发展。山月一开始是在岭南画派主张艺术创作革新和到现实生活中去体验撷取题材这一宗旨的影响之下从事创作的，照我的看法，当他画《中山难民》和《三灶岛》的时候，实际上在描写尖锐的生活斗争题材以表达民族矛盾和社会矛盾上，山月在当时的岭南画派已有所突破和有所提高了。

如果说岭南画派是反对闭门造车、因袭前人意境，而主张走出画室、面对真实自然和现实生活，那么，山月是一贯按照这个宗旨实践的，行万里路的精神贯串着他的全部创作历程。虽然当年行万里路在今天来说只是近乎走马看花，但比起他旧日的同门师友之走出画室是大大发展了。记得40年代末期，山月深入川、康、黔、滇、甘、陕回到南方后说："不动便没有画。不受大地的感受、刺激便没有画！"（大意）意思是明显的：生活一停下来就没有创作的激情。于是他又到南洋去了。展览会的作品具体说明了一个事实：从30年代到80年代，山月都是通过行万里路进行生活实践而采撷到多种多样题材的，从南海之滨到百里漓水，从嘉陵江畔到祁连山麓，从塔尔大庙到敦煌石窟，从太平山下到南洋群岛，从洛桑湖畔到花都街头……他到的地方很多，也画了很多写生稿——这就是他后来创作的依据。随着时代的变迁，依照写生稿再创作的要求也就更高，这主要是山月在生活实践过程中对他所接触的人民及其生活有了新的理解，思想感情有了某种程度改变，因而对创作的认识有所提高，对创作方法不能一成不变，这种情况从50年代开始已看到一些苗头，但还没有从写生稿提到更高度的创作，到了60年代，可以看出从行万里路发展到深入生活，从写生稿的积累、提炼发展到完整的创作，也就是说，此时是山月创作到达成熟的境界了。

画展出品40年代作品六部，我留意到四幅作品：《椰林市集》《暹罗佛塔》《暹北土风舞》和《马来西亚市场一角》，这是山月在星、马、泰写生的作品选出来的。抗战结束，山月从遥远的西北回到南方。几年来集逃难、旅行写生于一身地走了大半个中国以后，别人都"复员"去了，山月仿佛流浪还不够瘾，创作热情鼓舞着他继续行万里路。1947年7月间，他忽然说即将有南岛之行，而且立刻实现了。到了1948年底，客观环境和先前有了很大变化，山月仓皇来到香港，给我带来了他的画集第二辑：《南洋写生画集》，里面收集的十四幅中国画就是他在南岛辛勤劳动的结果的一部分——他在南洋逗留了半年，写了三百张草稿。我之所以格外留意这四幅南洋写生是因为我感觉到，在艺术风格上，这是最接近一般所谓岭南画派形式、特别是在人物造型上和表现方法上典型的岭南画派作品。这样说，是不是意味着他今天的作品已经不是岭南画派的风格呢？我想事情应这样来理解，山月的风格没有停留在旧岭南画派的面目——如同他40年代的作品那样，这是好事，画家的风格在变，山月的风格和当年岭南画派的面目不同，与其说这是变，不如说是发展了更为恰当。那么，今天关山月还是岭南画派画家么？回答是：这一点没有改变，他是作为岭南画派的成员之一，在岭南画派艺术的革新的新基础上加入新的因素，使岭南画派认识上某些先天不足和缺乏思想深度等方面丰富了，换句话说，是把岭南画派推进到一个新的高度，把这个具有时代、地方色彩的学派发展了。

岭南画派有自己独立的风格。在过去来说，岭南画派成员在风格上彼此太过相似，如果说我们从山月40年代的作品看到一种典型的岭南画派特色，到那时为止，这种特色是岭南画派成员的共同特色。又如果说山月现在的作品已经把这种一望而知是旧岭南画派的风格远远抛在后头，并建立了自己的面貌，要是别的岭南画派画家也各具面貌而又被统一在这个画派的共同特色之下，其结果是既有所属画派的时代、地方特色，又有个人面貌。

画展的作品提供给我们回顾关山月四十年以上辛勤的艺术劳动，这些具体作品让我们理解一个画家成长的过程和个人风格形成的轨迹，又看到一个画家作品思想的成熟和艺术的逐步趋于圆熟境界——绘于80年代即前两个月的那几幅鼎湖山近作，挥洒自如而又深厚沉着的笔墨所构成的苍润意境，应该说，他已然攀上了山水画个人风格的又一高峰。目前山月的创作欲正是旺盛的时候，我们可以想象80年代以后他的作品将会以怎样的面目出现。

（原载香港《文汇报》1980年10月30日）

关山月的艺术

端木蕻良

红棉一样的热情，红棉一样的朴素——这就是关山月的为人。

中国有一句流行说法，就是所谓“文如其人”。其实，这话用在画家身上，就更为合适了。我们试看八大山人的画像，就最能体会到这种说法的道理。我们再看王元章的墨梅，来和吴敬梓用文字为他画的像，互相对照，就觉得活的王元章就在我们眼前了。我们看到林和靖的画，再看他的造像也是觉得再合适不过的了。我和山月有四十年友情了，我每见到他一幅新作，都使我像看到南国的红棉一样。红棉，在我眼中是不谢的花木，是的，红棉给我的印象，就是用火织成的花朵，用火织成的花是不可能矫揉造作的，因为火会烧掉一切婀娜作态的东西。

我最佩服关山月把火的性格也赋给了梅花。这才堪称梅花的知己呢！中国人是爱梅的，我们把梅花看作是我们民族的象征。我们是最早发现梅花，也是最早培养它的，经常出现新的品种，使梅花出现了千姿百态。我们从陈叔亮先生过去收藏的梅花百幅中，就可以看到，历代画家是从不同角度来表现它的。我们再来看《梅花喜神谱》，就不难知道，我们祖先对梅花不仅观察入微，而且为它作了解剖，从它发芽，开放，以至落地，都做过精妙的观察，并且为它作了美的生长发展记录，使这本画谱，成为科学和美学融汇一体之作。再加上刻工铁笔传奇，可以说是达到了三绝的境界。

但是画梅花的，很少能闯出林和靖所设置的梅花品格。总是强调“暗香疏影”这个意境。专门画梅的画家童二树，画过千幅梅花，据我所见的，都脱离不了这个格局。

林和靖是了解梅花的，他把自己的人格和梅花的品格联系在一起，使梅花得到拟人化的效果。从而使梅格转化成为他的人格，这是不可磨灭的天才之作，也是他所处的那个时代的产物。

梅根似铁，梅花似火。古人早已这样认识了，但这样表现的，我见到的却不多，一般都是按照清丽抗寒的形象来为梅花写影。八大山人也画过无数梅花，用来寄托自己的身世和情怀，这在画梅史上，无论如何也是一种突破。我还看到吴昌硕画过一丈长的“悬岩一枝春”，实在说来，应该说是一幅壁画，石岩之下，一枝红梅横斜过来，不枝不叶，随意点染，画面空白很大，然而却气象万千，韵味满纸，香气四溢，出现了把石化成花，把花化成石的妙处。这又是一个突破。到后来，齐白石用吴昌硕的方法，画了好多幅梅花，几乎都是红梅，在梅花中已经被他注入了火焰。

关山月画梅的特色，铁干繁花，棱骨钢焰。花的气势，已把冰雪消融殆尽，使严冬冻雪都失去存留的份儿，所以看到的只是红云托月，花海流春，脱尽了前人画梅的清冷低回的气氛，使人从梅花香彻骨的现实中汲取到力量。这的确又是一个突破，而这个突破更加具有时代的象征。

关山月才是给梅花注入了新的灵魂。

我在安宁温泉养病的时候，院里的梅花正开，使我有工夫对梅花作了进一步的观察。梅花不随便发枝、抽条，它自己讨厌茸枝繁杂，但它也不像人们常画的那么疏朗，梅花更由于先花后叶，花期又长，所以盛开的时候，给人一种不是清冷，反而是饱满的感觉。这种印象只有亲身和梅花相对的人才会感到，借助诗词或绘画来会见梅花的人，是不易感觉到。

在梅花的生命中注入火与力，关山月已经做到了。看他画的梅花，便觉有一种火热的生机，扑人眉宇。使人立刻悟出一个道理来：梅花要没有火的成分，它怎能不畏冰雪呢？这是很简单的道理。同时也令人省悟到：冰雪遇到梅花，也就要雪化冰消了。

我们从红棉树下走进梅苑之后，再从这里走向一个开阔的世界。

因为，关山月的艺术成就是多方面的。长卷《漓江百里图》把我带到了四十年前的桂林。就是关山月在桂林开画展的时候，我初次和他相识，也许由于在早年就对高剑父、高奇峰的作品感兴趣也经常注意到居巢、居廉兄弟们的作品，使我对山月的作品一开始就有一种特殊的感情。

关山月是高剑父的学生，高剑父是岭南画派的老将，岭南画派是伴随着辛亥革命以及“五四”新思潮而产生的一个重要画派。他们的思想是开放的，手法是革新的。对传统艺术成就，能够兼收并蓄，对东西方的画技做到撷英取长。表现手法自由大胆，汲取题材广阔多姿，因而画面新颖生动，取得了笔法变化不拘，设色鲜明强烈的效果。从岭南画派画家的手里，不仅打破了应该打破的古今界线，同时，也打破了东西方的界线。更重要的是打破了画室内和画室外的界线，因而得到新的收获。获得“岭南画派”的称号，是理所当然的。

关山月不仅是位画家，同时还应该承认他是个旅行家。在生活十分艰苦的日子里，他背起画板，走过了桂林和四川的山和水，爬过了黔山十八盘，观看了气势磅礴的黄果树瀑布，到过了苍山洱海，穿过了川康高原，到过青海湖边，以及甘肃、陕西、新疆、东北三省各地。直到雪山、戈壁、长城、阳关都有他的足迹，都有他的画稿，这里的山川人物，供给了他光和热，也转化为他的艺术上的光和热。

山月是个不辞劳瘁的人，在他探索敦煌的古代艺术之宫时，没有什么好条件可以为他利用。在黑洞洞的石窟里，他的夫人李秋璜为他举着蜡烛。66幅画，就是在这种弯腰屈背、就着烛光的情况下，临摹下来的。

新中国成立后，他访问过波兰、法国、瑞士、比利时、荷兰、日本等国。从世界艺术宝库中汲取新的营养，受益很大。在接触世界艺术宝库的同时，他又以其独特的艺术风格，增进国际人士对我国近代艺术的了解，加深了对各国人民的友谊。

关山月是个朴实的人，1947年我在上海时，山月也正在开画展，他刚从大戈壁回来，风尘仆仆。在大新公司楼上，展出他在南洋、西北等地的写生作品。他在西北的作品，运用速写的居多。漫游南洋的作品，吸收了一些马蒂斯的手法来表现那种地方色彩极为鲜明的生活场景。那时，我们从马蒂斯谈到高更，从伦勃朗谈到列宾，我们的见解是十分接近的。

目前，拍摄到的土星照片上面的童话般的真实，已为我们敲开了新天体的大门。这个大门打开以后，使我们对光和色感以及动的规律都会引起革命。但这种革命只能推进我们更准确地捕捉光影，更灵活地表现动的韵律，只能使我们对现实更能观察入微，正如我们推翻过去我们对土星许多不确切的设想一样而确定了新的实证，从而确立了新的观点。

写到这里，我的眼前顿时浮起两幅他的作品来，一幅是《肖邦故居》，一幅是《巴黎画室所见》。前一幅是我最爱的作品，如果门前不是画有一辆汽车，也几乎让人相信是在东方一个小村镇里。画面是那么和谐，宁静，又那么令人依恋，蓬勃而不高大的树，笼罩着普普通通的房舍。是呀！肖邦的故居就应该是这样的。它除了充满了音乐的和谐之外，没有任何奇特之点。

山月在《画室所见》这幅画中，则提出他对美学的意见，艺术的夸张，是应该的；但如对古典主义的典范《维纳斯》作不应有的变形，他是反对的。关山月是最喜欢创新不过的，他在艺术道路上迈出第一步以来，就向日本的、印度的、南洋的以及欧洲的许多特点和长处寻求可以融汇到自己作品中的营养。

孩子把线穿进针眼，针和线穿在一起，就可以把另外不相连的东西，连结为新的衣服。孩子的憨态正预示着他已进入一个新世界。

“现实的生活是丰富多彩的，反映生活的艺术怎能够千篇一律？”

这是关山月发自内心的声音，他是个勇于探索的人，他从不满足于自己既得的成就，他知道怎样向横的方向和纵的方面汲取营养。艺术之树，它的枝叶和根株，都是向着四面来伸展的。拘拳于方寸之间，满足于一些模式，对他来说，这是不可思议的。

探索，那就是向新的方面寻求，在寻求的过程中，就不能说什么都是圆满的，但探索又不能是停滞的。我看到一个从来都是风尘仆仆的关山月，不管他是从南洋回来也罢，不管他是从敦煌回来也罢，一直到七十岁的今天，他还在艺术大道上奔驰着。

我们都知道，他早年受知于大画家高剑父。高奇峰和高剑父都接受过外国绘画的影响，特别是东瀛的影响。这自然也会在关山月的作品中得到应有的反映。也许是由于他经历了南洋生活的关系，对马蒂斯、高更等人的色感和线条，他也有着强烈感受。在敦煌的宝库中，他又发现了东方和西方艺术结合的范本。他有意识地想在现在中国画中揉进外来东西方的某些长处，开辟闯新的道路。

但是，贯穿着关山月的整个艺术创作的实质是民族的，关山月是乡土气息很深的人，岭南风物使他的感情奔放，红棉使他色感强烈，榕树使他笔触凝重，关山月的艺术本身就是一架汇通东西方艺术的桥梁，愿他在这次访问日本时，会得到更丰硕的成果！

（原载《长城》1981年第2期）

关山月的生活和艺术道路

秦 牧

1982年的秋冬之间，日本将邀请中国国画家关山月前往访问。我这篇小文，就专为将要在那里举行的关山月画展写的。借此机会，我要向日本以及其他国家的中国画爱好者、欣赏者，介绍中国这位素负盛誉的画家的生平和作品。

日本习惯称老年的画师为“画伯”，关山月已经年届七十，说来，也应该算是一位道道地地的“画伯”了。也许是名山大川清新的空气和如画的风景增进了人们的健康吧，也许是画桌旁边的生涯陶冶了人们的心情吧，总之，画家中享有高龄的人物一向很多，而且，其中很多人都是越老画得越好，不论是绘画的理论还是运笔的技法，都是到了高龄，才达到参透“个中三昧”和挥洒自如的境界的。关山月就是这样的画家当中的一个。如果从他童年开始东涂西抹，自发地学画小鸡小狗、远山近树算起，他已经有六十年以上的绘画历史了。如果从他青年时代投拜在名师门下学画算起，他也快要有五十年的“画龄”了。

当代的中国画大师，关山月是属于最出色的若干位人物当中的一个。他的精心之作，一方面高悬在北京的人民大会堂里面，并且有好些常被作为珍贵礼品赠送给若干国家的元首和政府首脑；另一方面，由于中国国内许多宾馆常常挂有他的画幅，许多报刊、月历常常登载他的作品，因此，他的绘画不仅为中外美术界人士所重视，也为广大群众所熟知。这位画家以画山水和梅花著名，实际上他所涉猎的题材，却是十分广泛的。他既画花卉山水，也画人物，画建筑，画飞禽走兽，许多崭新的事物，像运载原油的火车、雄伟的煤矿工地等等，也常常反映于他的画幅之中。这种广泛的题材和深厚的情趣，可以说和关山月艺术成长的道路密切关联。他生长在中国南方乡村一个穷教师的家庭。他的父亲也曾经从事绘画，还能写诗。这户人家由于孩子众多，生活困难，因此，童年时代的关山月虽然喜爱绘画，却连颜料和纸笔也买不起。当时，他就用植物的浆汁和烧焦的树枝，开始蹒跚地迈着他绘画征程的第一步了。这种自发的学习，虽说是幼稚的，倒也为他以后的进步，打下了一点儿基础。当他成长为一个青年，来到广州的时候，由于在绘画学习上所表现的专注精神，被当时“岭南画派”的著名画师高剑父吸收为门人。“岭南画派”是当时新兴的一个画派，原来，晚清时代，广东有居巢、居廉两兄弟，都是著名的画家，他们一反明清两代陈陈相因的那种仿效前人作品、致力临摹、一笔一墨都讲究师承的风气，提倡写生，强调观察生活，“师法造化”，改变了画风。他们的学生高剑父、陈树人、高奇峰，后来又到日本留学，受到西洋画的影响。这批画家回国以后，提倡“新国画”运动，开创了中国近代美术史上的“岭南画派”。高剑父是这个画派的中坚人物，为人很有风骨。他参加过反对清廷的革命活动，事成之后，却不愿做官，始终以艺术生涯度其晚年。他招收学生有严格限制，对家境宽裕的，征收高昂学费；对家境贫寒的，不但不收学费，有时还慷慨资助。关山月就是当年曾经承受他的破格优待，得到他多方面帮助的一个穷学生。这位弟子没有辜负他的老师的殷切期许，经过约莫半个世纪的辛勤磨炼，博采众长，游历国内外通都大邑，名山大川；在思想和技巧上不断提高，终于也攀登上艺术的高峰，卓然自成一家了。

关山月是我衷心敬重的友人之一。我不但喜爱他的绘画，而且更重视他为人的品格。“风格就是人本身”这句话在关山月身上，得到了很好的印证。在艺术家的队伍中，“艺如其人”“文如其人”的固然大有人在，但是“可远观不可近睹”的人物，不容讳言，也是杂然并陈的。那类人物，你一亲近，一接触，就觉得他们的为人，和他们口头上所宣称的几乎是两码事。有的人唯利是图，铜臭熏天；有的人顾盼自豪，视同行、视群众如无物。这种艺术领域的市侩和豪霸，是很令人失望的。关山月可完全不是这样，各方面的人物和他接触，都会感到他是诚恳待人，平易可亲的。我特别欣赏他对待物质生活的态度，用一句中国的古语来形容：他真配得上称为“物物而不物于物”，翻译成现代的语言，可以说他是以一种崇高的风格来对待物质生活的。他简朴自处，决不营营苟苟，做物质生活的奴隶。抗日战争时期，他为了到西南、西北诸省写生，行万里路，提高艺术本领，宁可放弃重庆国立艺专的教授席位。常常身上只带着微薄川资，就毅然登程，以至历尽了穷困，尝遍了艰辛。他在爱人李秋璜陪伴下，跋涉数千里，在甘肃敦煌合作临摹了大批壁画精品，举行展览会时，美国新闻处曾经提出，要以重金收购，尽管当时生活相当拮据，他仍然坚决谢绝。在他成为著名画家以后，简朴生活和自律精神仍然一如往昔。有一次我和他相偕在北京逛画店，画店经理提出优厚的条件，邀他拿出一批画作投放市场，说是换成著名古画，或是付给大量酬金都可以。我亲眼见到关山月淡然一笑，婉词谢绝了。从细微处见精神，这事情给我的印象是很深刻的。他一向不以绘画作为追求浮华生活的手段，而是恬给自处，精益求精地从事艺术活动，只愿意领取合理合法的一份酬报而已。这些年来，国家收藏他的名画，付给公平合理的报酬他是收受的。而海外商人在展览会上以重金购取他的画作时，他总是一转手就立刻把数以万计的款项捐赠给社会福利机构，从不在私下里做过一宗这样的交易。因此，他尽管声誉甚著，却仍然过着平易的生活。他现在已经是七十岁高龄的人了，当提到老师高剑父的时候，仍然口口声声称呼为“高师”“恩师”，向不直呼名字。当年高剑父在他离开师门之际，曾经以“在山泉水清，出山泉水浊”这样的古代诗句赠别，意思是勉励他进入社会以后，要坚持操守，不可沾染市尘恶习。关山月对这诗句的深意一直记得很牢，最近还写诗追述往事：“出山泉浊在山清，犹忆高师一语情。”

这位老画家又是十分富有同情心的。在听到善良的人的不幸遭遇时，我见到他眸子里常常闪着泪光。这些事迹，很可以显示关山月的为人。我以为，正是由于具有这样的人格，才使他数十年如一日，不为名枷利锁所羁绊，不因艰难险阻而摧折，始终能够在艺术的道路上努力攀登，终于踏上了一个个的高峰。

现代的中国，那些在学习传统画法之后，能够入乎其内，又出乎其外，力主师法自然，重视写生，反对陷入窠臼、以临摹为满足的出色国画家，大抵都十分推许清初的画家石涛，原因是：在明清两代，数百年之间，画坛上习惯于讲究笔墨出处，对于前人的画法，陈陈相因，亦步亦趋，不敢越雷池一步。石涛是在这个绵长的历史年代当中，独树一帜、大声疾呼，主张面对先后，发扬个性的一个胆识过人的卓越画家，他宣称要“搜尽奇峰打草稿”，坚持要“我自发我之肺腑，揭我之须眉”。不待说，石涛所主张的，是合乎万古常新的艺术规律的。齐白石对石涛就推崇备至，曾经对他咏诵道：“下笔谁教泣鬼神，二千余载只斯僧。”“胸中山水奇天下，删去临摹手一双。”“岭南画派”的人物，对石涛的画论和实践都十分推许，关山月自然也没有例外。他的印章上的用语：“古人师谁”“平生塞北江南”“笔墨当随时代”“适我者新”等等，和石涛对绘画的基本主张可以说是息息相通的，本着这种主张的艺术家，自然不会老是困守在屋子里，一辈子尽和故纸堆打交道，而是在学习传统技法，有了一定水平的基础后，要努力万里驰驱，开阔视野，也广泛师承“熔铸百家”。五十年间，关山月到过的地方，在地球上占着一个可观的面积。新中国成立以前，他到过广西、贵州、云南、四川、陕西、甘肃、青海等省份；新中国成立以后，他除了有时重临旧地外，又到过东北三省、新疆等省区。国外方面，以前，他到过暹罗（泰国）、新加坡、吉隆坡、槟榔屿等地，近三十年来，他又前后访问过日本、朝鲜、越南以及法国、瑞士、比利时、荷兰、苏联、波兰等国。广泛的访问除了增加他绘画的素材外，也还接触了各国的艺术界人士和观摩了各种传统的艺术珍品，取长、补短、扬弃、升华。例如巴黎的卢浮宫，就曾经使他流连忘返，使他的艺术素养受到增益。“岭南画派”的早期画师，受日本艺术的影响很深，人们常常可以从他们的画幅上看到日本画的格调。但是到了关山月，由于他多方面吸收的结果，倒是跨上另一种境界了。人们可以看到他对西方艺术也是有所摄取的，但是整个画面的情调又完全是中国气派，而且洋溢着新时代的气息。关山月是很勤奋的，他经常保持墨砚有墨，以便作画不辍，他也常常提到中国艺人爱讲的一句谚语：“曲不离口，拳不离手。”用以自况自励。在具备这样的条件之下，加上他具有坚韧的毅力，就绘出不少巨型画幅了。举几个例，他画《漓江百里图》，就花了三个月；画《江山如此多娇》（和傅抱石合作），花了四个月；画《江峡图卷》，花了两个多月。这样的长卷巨画，在中国历史上是少见的，而真正把一条江河流域的各种突出风物汇聚于笔端，描绘于长卷，在中国画史上就更稀少了。这一部分力作，可以说尤其是他灌注了大量心血的珍品。

如果我们把关山月前后几十年的作品拿来作一对照，就可以见到，画家是不断进步的。新中国成立后，他更在力攀高峰。他早期的作品，虽然用了工笔，也一丝不苟，但那只是一事一物的简单写照而已。在他的青年时期，他常常画景象萧瑟的风物，例如一个穷苦无告的老人，一匹在冷冽的河边饮水的马等等，从这些画显示出他早年抑郁的心情和无力的申诉，但是越到后来，他的画不仅景象越来越宏大，技法越来越圆熟，而且一种昂然向上，坚毅不屈，高瞻远瞩，气势磅礴的格调常常洋溢于景物之间。即使不是画名山大川，森林瀑布，而是画梅花、水仙之类的花卉，也同样给人一种朝气蓬勃的青春气息。这显然是反映了时代精神，体现了画家的思想境界和博大胸怀的。我特别喜爱他画的层峦叠嶂，气象雄浑的佳作，看那些高山大岭，峻峭幽深，万木竞秀，烟霭茫茫，集雄奇与秀丽、壮阔与细腻于一体的画幅，不仅使人宛如亲临其境，感到胸怀大舒，是一种高度的美的享受，而且也受到一种精神的激励。在他的画集中，特别是晚期的作品中，达到这种境界的数量相当可观。例如《煤都》《榕荫曲》《瑞鹤图》《朱砂冲哨口》《万山红遍》《绿色长城》《松梅颂》《井冈山颂》等等就是。艺术欣赏是无分国界的。我相信，这类佳作也一定会受到外国友人的激赏。

日本方面，还准备在关山月这次再度访问之前，出版一本巨型画集，这应该说是中日文化交流历史当中的一桩美谈。

像关山月这样的“画伯”，在艺术攀登的境界上是无所谓止境的。即使在已经获得很高成就的情形下，我想他必定仍能发现自己的不足之处，不断提高自己的思想水平和技艺本领，攀上新的高峰。让我在这儿也表达一下对这位画家在艺术上永葆青春的祝愿。

（原载1982年7月7日《南方日报》）

笔歌墨舞　融古铸今

徐士之

今年6月，适逢台湾省立美术馆开馆三周年纪念，为扩大庆祝，馆方特事先规划三项重要展览，而最值得我们关心和重视的是资深岭南画家“关山月先生八十回顾展”。

我们非常感谢台北市隔山画廊主持人关兰小姐，以及香港的中华文化促进中心理事主席文楼先生，由于他们的接洽与协助，加之省议会和省府教育厅的全力支持，使这项深具意义的国画大展，终能突破多年来的禁忌，顺利地于六月廿五日在该馆最大的展览厅揭幕。是日天朗气清，惠风和畅，也正是馆庆三周年纪念之日。上午举行酒会招待来宾，台湾中部各界及画坛人士，前来参观者甚多，经全天统计约有三千余人，可以说是美术馆三年来一大盛事，遗憾的是关山月先生未能亲来参与，否则必会使场面更增热烈。

关先生今年已八十高龄，但从照片和录像中，见他满面红光，精神焕发，看不出一点老态，难怪他最近还不断创作出巨幅山水。他早年师事岭南画派创始人高剑父，在绘画方面的成就，与赵少昂、杨善深、黎雄才等，早已名闻中外，台湾对他并不陌生，所以毋须笔者赘述。这次应邀展出的作品共有51件，其中书法11件，绘画40件，都是自1944年至1991年各时期代表作，构成一完整的回顾体系。馆方为了重视这些作品的安全，都已投保了意外安全险。

展览原定是6月25日至8月25日，在开幕前一个月期间，馆方已透过媒体广为宣传报道，并印制大型海报分送至各地张贴。海报是以关老近作《秋溪放筏》的画面印成，幅度大小几与原作接近，色彩艳丽，非常引人瞩目，所以不久便有人纷纷打电话来询问有关事宜，甚至有人要购买作品及海报，以供收藏。因此项展览概不对外出售，馆方便精印画册，配合观众需求，在馆内文物供应部出售。

画展开幕不久，我们发现，参观人较往日越来越多，至8月20日为止统计（笔者截稿日），观众已达42534人（平均每日2363人），很多人是专程远道而来，还有些人一看再看。我们会发现有些内行的观众常面对某件作品，久久不忍离去，那种专注与忘我的神情，却也构成另一种感人的画面。因应实际需要，决定将展览时间延长一周，这是过去少有的。

关老的绘画是无所不能，无所不精，尤其山水和梅花，气势雄伟，笔墨酣畅，实令人叹为观止。研究其笔墨，既有传统基础，又有创新发展，显耀着时代精神，呈现出独特的风格。

我们若从笔墨上细加分析，发现无论树的枝干、山的轮廓、石的纹理、水的流动、云的缥缈，其或勾或皴，笔笔都是中、偏锋并用，落笔快速有力，有如千军万马之势，且刚柔轻重皆控制得流畅自然，处处显示出苍润古拙之美，若与他的书法相对照，证明画中的笔法，皆得力于行、草、篆、隶的书法功夫，而他书法中的结构、行气、笔墨，又似乎来自于画中。至于在墨色气韵方面，亦已达到了笔中有墨、墨中有笔的境界，既有传统古意，又有时代精神，予人有苍润、沉雄、浪漫、痛快淋漓之感。最主要是他的笔墨功夫，既有继承中国传统的特色，又能从自然中引发创新，未被某家法度所困，大胆自由，随心所欲。关老的每件画作及书法表现，真可说是笔歌墨舞、熔古铸今，怎不令人佩服！

关山月先生的画展，的确在台湾掀起了一阵旋风，留给我们的印象永远深刻难忘。

[原载1991年9月19日《人民日报》（海外版）]

《关山月论画》序

蔡若虹

我不能像一个经验丰富的向导那样用熟练的语言对旅客们介绍："这是一座名山，它高达三千五百分尺，顶峰上终年积雪，而山脚下却温暖如春……"我不能，也不会这样讲。我只习惯于笨拙地叙述自己爬山的经历，比如"我没有攀登那白雪皑皑的顶峰，我只到达过还不到一千公尺的所在。当我通过一片茂密的松林时，就被那好像来自天际的松涛的音响——一种极为单纯而又极为美妙的音乐迷醉住了……"我只会这样唠叨自己的观感。

同样，我也不能像一般序言的作者那样概括地介绍这本诗文集的全貌；我不能，也不会这样介绍。因为我并没有读过集中的每一篇诗文，我只能讲讲我曾经读过的文章的感想。而这些文章不仅仅是我所欣赏、我所赞同的，而且在读这些文章的时候，往往掩卷沉思，通过文章的内容想象作者的音容笑貌。

一个诚实的、态度严肃的艺术家，一个勇于实践的艺术家——这是画家关山月给我的第一印象。我们是50年代的新交，并不经常来往，除了在开会时碰头以外。"不打不相识"，我们是在一次美术教学的讨论会上发生意见分歧的争论中才看清了对方的思想作风和精神面貌。意见相同时则喜形于色，仿佛在异域遇见了知音；如果在相同的原则之下发现了一点细节的差异，那就非把这一点差异消灭不可。比如他说学习中国画在起稿时就应该用毛笔；我说不一定，用铅笔炭条也可以。他坚持"不可以"，说了又说，好像非说服我不可。一看见这情况，就如同在镜子里看见了我自己，不但不见怪，反而感到可亲可敬。现在回想起来，我以为，什么是知音呢？无非是两个倔老头子恰巧碰在一起而已。

1966年春天，山月送给我一幅倒挂的梅枝，在客厅里挂了不久，“文革”就来了，我的客厅变成了“黑帮”收容所；这幅倒挂的梅枝，就象征着“倒霉”的开始。1976年，山月又送给我一幅梅花横披，不久“四人帮”就垮台了，这幅画又成为我们“横眉”的写照。从倒霉到横眉的过程，也是我和山月之间在思想认识上逐渐加深的过程。

然而，真正联结我们思想认识上的一根纽带，却是关于中国画创作、理论，以及教学方面的种种看法和主张。山月反对空谈，他的看法和主张，实际上都是他自己创作经验的总结。而我，也很不喜欢空空洞洞的理论，总以为经过古人反复实践的考验、并且取得了良好效果的艺术方法，无论如何不应该在我们的时代消亡。说“中国画不科学”不仅是无知，而且是有罪的。因为这样，我和山月某些不谋而合的看法和主张，尽管很不完备，但还是可以在互相补充、互相校正之中得到更多的“知音”的。

说“中国画不科学”的论据之一，是认为中国画作品中（以古代作品为证）没有透视学、没有色彩学……他们一口咬定说山水画毫无透视法则，人物画的体形结构不正常，而色彩更是单调而又贫乏。说这些话的人的脚跟，不是站在中国人的立场上，而是站在西洋画的立场上，他们用西洋画的标准来衡量中国画，根本不知道在绘画领域中除了西洋画的技术方法以外还有别的技术方法存在。“以西洋画改造中国画”的谬论就是从这里来的，说“西洋素描是一切造型艺术的基础”也是从这里来的。山月在“两种观念之争”（见《教学相长辟新途——为建立中国画教学的新体系而写》）的论述中提到这些错误观点并且认为是来自苏联的教条主义在作怪，其实，这种教条主义从20年代就开始有了（是从法国巴黎搬运到中国来的），不过那时候的教条主义没有50年代的教条主义那么嚣张罢了。

山月在文章中提到，“从认识对象到反映对象的路子都很不一样”。是的，这是中国画和西洋画的区别的根本关键。不仅反映对象的路子不一样，而且认识对象的路子也不一样；反映的不同正是来自认识的不同。如果不从认识论谈起，中西绘画在艺术表现上的区别就很难划清界限了。

我想把山月在论文中没有提到的在这里提一提。我认为，西洋画（应当是西方写实主义的绘画）在认识客观对象方面，是单纯从感性认识出发的。说得具体些，是从此时此地的肉眼所见出发的。所谓造型、所谓透视、所谓色彩、所谓人体形态，无一不以视觉感受到的客观对象为准则。而中国画则不同，中国画在认识客观对象方面，是先从感性认识出发，然后上升到理性认识，经过两者的综合观察才得出定论的。因为这样，理性认识就必然冲破此时此地肉眼所见的狭小界限，和彼时彼地的肉眼所见的广阔空间混合在一起。理性认为青山之外还有青山，这就形成了不从一个焦点出发的中国透视学了；理性认为任何色彩应当从复杂中看到单纯，这就形成了以少胜多的中国色彩学了；理性认为凡物象的凸出者则亮，凹入者则暗，这就形成了中国画的光暗描写的规律；理性认为人物相同者在形，不同（有特点）者在神，这就形成了突出特点的形神兼备论；理性认为神态流露于行动之中，而又隐藏于静止之内，这就形成了中国画始于写生而终于默写……如此类推，可以看见中国绘画从认识对象到表现对象，都发扬了可贵的理性光辉！

山月在论文中经常提到“古为今用，洋为中用”这两句话，看来他是十分尊重这两句话的，而且他在创作实践中是亦步亦趋地以“今用”为努力目标的。可是他在阐述“古为今用”的时候，却没有把自己如何为“今用”服务的创作经验作为例子来加以说明，这也许是因为论文的主题是教学问题而不是创作问题的缘故（指《教学相长辟新途——为建立中国画教学的新体系而写》）。在这里，我认为有代替山月作些补充的必要。

我认为山月最显著的优点之一，是他从来不厚古薄今。他执着于写生，执着于“行万里路”，执着于描绘新生事物……所有这些，我认为都是他重视今天、重视眼前的生活实际的表现。他所参观浏览的古代绘画作品不算少，可是他不像有些人那样一钻进古代艺术就爬不出来，即使爬出来也变成一个穿中山服的古人。山月不是这样，他在创作上一方面继承传统笔墨，而在另一方面的题材选择上却紧紧抓住现实生活不放。只要一看见过去没有的新生事物，他总要在作品中留给它一个位置，甚或把它作为创作的主题。这种情况，在建国初期的50年代山月的作品中是屡见不鲜的。水闸、盘山公路上的汽车、高架电线、拖拉机，万绿丛中的一杆红旗，还有那被他称为“绿色长城”的防护林带，等等等等。画这些东西有什么不好呢？山水画的所谓创新，如果离开了这些时代的新装又新在何处呢？我以为山月（还有很多画家）这样做是完全正确的。可是当时偏偏有人出来说怪话，说这种作品是宣传画，是赶时髦，是俗不可耐，仿佛画家一辈子临摹小桥流水、老树昏鸦才算高雅，才算本分。山月没有受这些谬论的干扰而搁笔，我认为他是遵循“古为今用”的一个模范。

正如同“洋为中用”需要一个民族化的过程一样，“古为今用”也需要一个现代化的过程。所谓现代化（即古代艺术方法的现代化），其中包括两种要素，一是题材内容的现代化，一是审美观的现代化。关于题材现代化，已经被很多画家注意而且熟练地运用了。可是审美观的现代化问题，却往往被画家们所忽略。现代人的欣赏口味不同于古代人。古人有古人的欣赏口味，现代人有现代人的欣赏口味，欣赏口味的不同是来源于生活条件（物质生活条件和精神生活条件）的不同，生活条件的改变必须影响到审美观念的改变。这是不以人的意志为转移的客观规律。作为欣赏对象的中国画艺术，如何适应现代人的审美要求，是不能仅仅在笔墨上创新就能做到的。因为这里既包括有技术方法问题，还包括有指挥技术方法的思想情操问题在内。说得具体些，是一个形象塑造问题。形象不对口味，题材好、笔墨好也不行。用古代的审美观念塑造现代形象，是一条走不通的死路。

山月和我都认为美术教育是急需改革的，而改革的关键是从我国的实际需要出发，把外国搬来的教学内容和教学方法，改变为我们社会主义中国所需要的东西。50年代召开的一次艺术教育会议，实际上是一次艺术教育改革的遭遇战。只要一谈起改革，从来没有一个人在口头上出来反对；可是在改革的具体措施方面，却会遭遇处处设防、事事掣肘的折磨，简直弄得你寸步难行。从那时开始，我就感到改革也是一种革命。真正的改革，绝不是先在会议桌上达成协议，然后按照协议内容具体执行。这是办不到的，是自欺欺人的。真正的改革，应当像打仗那样，一个阵地又一个阵地地进攻（在艺术教育方面是一个学校又一个学校地突破），在取得经验后再继续前进。

50年代我提倡将“四写”（即写生、速写、摹写、默写）作为美术基本训练的内容。当时曾得到山月和其他不少画家的赞同。然而在一片赞同声中它遭遇到什么命运呢？当然，有不少热心人是亲自带头进行改革的。我曾接到一些来信和接待一些人来访，都说实行“四写”的成绩显著，然而不到几年的工夫，就在无声无息中被消灭了。我曾经气愤地说过：“因循守旧，是我们社会主义现代化建设的死敌！”

说实在的，我那时提倡的“四写”，不过是一个初步设想的大纲，具体的实施方案，我还来不及写出来。我认为在“四写”之中，慢写、速写与摹写都是过渡性的课目，唯有默写这一门，是基本训练的关键。我把默写作为课堂实习的主要课目，使我国早已失传的绘事精华，在课堂实习中固定起来，并且广为传播，让有志之士人人都能把它学到手。

我为什么这样看重默写呢？说来话长，现在只简单地归纳为几项：

一，自古以来，中国画创作本身就是默写，不论是闭门作画或即席挥毫，从构图、造型、设色……一直到完成，无一不是在静思默想中一笔一笔画出来的。当然，这其中作者也可能要参考他自己的速写稿子或古人、前人的作品，但整个形象的构成，是在默写中完成的。

二，默写不仅是依靠生活现象的记忆（即所谓形象思维），而且更依靠生活现象的选择、评判和综合；这里既包括有视觉感官的敏锐性和深刻性，更包括有理性的审美功能和记忆功能。默写是感性认识、理性认识、表现技能的三结合。艺术的成败，理性认识起主导作用。

三，古代的各种画论，不论是物象的叙述或技法的研究，都是从理性认识的演绎中指导视觉官能，其具体办法也还是默写。

四，写生和默写是打通生活源泉的两条要道，但写生接触生活的面积小，默写接触生活的面积大；写生仅仅接触生活的表面，而默写则可以深入生活的核心。

五，当默写的技艺失传，绘事以临摹为教学的主要内容时，生活的源泉就枯竭了，艺术的生命也枯萎了，专以笔墨取胜的不正之风就盛行起来了。因而提倡默写，和提倡深入生活是同义语。

六，只有精通默写，在绘画领域中才算真正进入了自由王国。

这种不像序言的序言就写到这里为止。为了在学术研究方面能够引起一些热潮，我想山月和多数读者是不会怪我的。

（原载《关山月论画》，河南美术出版社1991年版）

回顾前瞻，居安思危

——“关山月回顾与前瞻作品展览”的启示

于　风

为纪念抗日战争胜利五十周年，广州美术学院等单位特为老画家关山月举办以“回顾与前瞻”命名的作品展览，展出关老半个多世纪以前在战争年代所画的一批抗战题材作品，同时也展出画家专为此次纪念活动创作的书画新作。这次专题性展出，无论对老画家本人或对广大观众来说，都具有非同一般的意义。

现年八十四岁高龄、在中国画坛驰骋了六十余载的关老，正是从外患频仍的旧时代，怀着对祖国的无比热爱和对侵略者的满腔仇恨，开始迈出了自己艺术实践的第一步。早在七七事变之前的1932年，他还在广州市立师范读书时，因日本军国主义者侵占了我国东三省，全国掀起抗日救国热潮，刚刚二十岁出头的关山月，就曾画过题为《来一个，杀一个！》的大幅宣传画，张挂在故乡阳江的街头；同一时期又曾在广州画过歌颂东北义勇军将领马占山的肖像，参加抗日宣传。这些作品，诞生于他尚未进入春睡画院接受高剑父先生教导之前，在艺术上难免是幼稚的，但却显示了一个热血青年的爱国热忱。也可以说，这些作品已为画家后来创作大批抗战画奏响了嘹亮的序曲。

七七事变后的1938年，日本侵略军占领了广州，关老只身出走，步行四十余日，辗转抵达澳门，他沿途亲眼目睹了日军的残暴罪行和同胞们家破人亡的惨状，残酷的现实和忧愤的情怀，给予画家更深切的生活体验，也进一步诱发了他的创作激情，这种切身感受，进而构成他这一时期艺术创造的深沉悲壮的基调。如他的巨制《从城市撤退》，就生动记录了逃难人群扶老携幼、背井离乡而前路茫茫、无所依归的悲惨情景。又如他创作的《中山难民》，也是根据在澳门街头所画的速写加工而成。这些由中山县逃来的难民，露宿街头，无家可归，其狼狈情状，令人惨不忍睹。画家以画笔记录了当时的所闻所见，既充满对苦难同胞的同情，也是对战争罪行的揭露，整个画面迷漫着凄苦苍凉的气氛，也透露了画家本人当时的生活处境与苦闷心情。其他如《渔民之劫》《三灶岛外所见》《铁蹄下的孤寡》《游击队员之家》和《侵略者的下场》等等，无不显示了一个爱国主义画家对日本军国主义的侵略罪行的深仇大恨。

当这批作品于1939年先后在澳门和香港展出时，立即引起轰动，因为运用国画形式表现抗战的题材，当时还是很少的。著名文化界人士如叶浅予、张光宇等给予大力支持推荐；端木蕻良、徐迟、叶灵凤、黄绳、任真汉等，纷纷在报刊发表评论，称赞关山月是“岭南画界升起的新星”；他的这批抗战画“真实地描绘了劳苦大众在日寇铁蹄践踏下的非人生活，有力地控诉了日寇的野蛮行为”……那时年仅二十八岁的画家第一次举办的个展，就获得如此成功、确实如有的论者称道的是“一鸣惊人”！而取得这种效果的主要动力，却不妨借用画家自己后来的一句诗来加以概括，那就是“半凭己力半凭师”。

首先，关山月的老师高剑父先生，作为民主革命的前驱的新国画运动的倡导者，一向强调艺术创作必须表现急剧变化的现代生活。在他的纲领性文献《我的现代绘画观》中，明确提到“……在‘抗建’的大时代当中，抗战画的题材，实为当前最重要的一环，应该要由这里着眼，多画一点。”他自己创作的《东战场的烈焰》（1932年）以及早期作品《天地两怪物》（1915年）等，无疑都对关山月起到言传身教的作用；加上当时他们同在澳门普济禅院避难，朝夕相处，随时可接受老师的指点。所以，他的紧紧抓住抗日战争这一时代的最强音，全身心的投入艺术创作实践，一大批抗战题材作品源源诞生、并在首次个展中取得出乎预料的成就并从而奠定了他不断攀登新境界的基础，全都与高剑父的教导分不开的。其次，画家个人孜孜矻矻的艺术追求，特别在艰苦的年月，历经艰险，辛勤劳作，从现实生活中挖掘题材，运用传统的形式表达自己的真实感受，并以此为起点，在以后的漫长岁月中，对艺术、对生活、对理想和信念忠贞不渝，坚持不变，也为画家的成功提供了有力保证。

半个多世纪已经过去了，在今天的和平环境中，重新展示这些作品，对观众也具有特殊的现实意义。因为今天的年青一代，是完全不同的时空条件下出生、成长的；即使是现年五十岁左右的观众，恐怕对当年抗日战争时期人民遭受的沉重灾难，也不可能有多少感性认识，更谈不上切身的体会。通过这样的艺术展示，在一定程度上再现历史的真实。寓爱国主义教育于艺术形象之中，提醒大家居安思危、勿忘国耻，这对当前的改革开放和新中国的持续繁荣，还是很有必要的。试看时至今日，日本国内还仍有一部分人，对当年那场战争的侵略性质矢口否认，不愿向中国以及东南亚各国人民认罪！我看，关老的此次展览，也是对那些人击一猛掌，告诉他们："历史是不会说谎的！"

1995年6月22日

（原载《岭南画学丛书第3辑·关山月》，岭南美术出版社1996年版）

韵胜原从骨胜来

——关山月早期连环画《虾球传·山长水远》研究

陈湘波

2007年上半年，香港画家萧晖荣先生来深，带来他近期收藏的一套关山月先生1949年期间在香港以著名作家黄谷柳先生[①]的成名作《虾球传》[②]第三部《山长水远》为脚本创作的连环画原稿的复印件给我，希望能在馆里办一个展览，这事对深圳关山月美术馆和我个人来说充满了吸引力。

早在2002年7月间，“香港各界文化促进会港深交流团”来我馆参观时，全国政协委员、香港各界文化促进会理事长李国强先生曾告诉过我，他收藏了关山月先生早年在香港创作的《虾球传·山长水远》连环画原稿，我向李国强先生提出希望早日看到关山月先生创作的连环画

① 黄谷柳（1908—1977年），作家，生于越南海防市，三代华侨。1927年加入中国共产主义青年团，后到广州参军，曾参加军阀混战、抗日战争，后在重庆从事小说、戏剧创作。1949年加入中国共产党。历任粤桂边纵队司令部秘书、《南路人民报》编辑、《南方日报》记者。1953年后在中国作协广东分会专门从事创作。著有长篇小说《虾球传》，中篇小说《渔港新事》《接班人》，话剧剧本《墙》，电影文学剧本《此恨绵绵》《七十二家房客》，散文集《战友的爱》。

② 《虾球传》的故事以二战结束后的香港社会为背景，具有章回故事性强、情节曲折生动、语言朴实等特点，有浓郁的南方色彩和强烈的时代精神。它塑造了忠厚、善良、侠义、勇敢和追求光明的流浪儿童虾球的形象，描写了这个贫苦少年从香港浪迹广州，最后进入东江游击区的曲折经历。通过虾球的转变过程，既透视了黑暗势力的内幕，也表现了他所走过的漫长道路，在当年获得高度评价，更是当时香港最畅销的小说之一，还曾被改编成话剧及电视剧，被认为是“大时代写照”的一部著作。小说共分三部：第一部《春风秋雨》，第二部《白云珠海》，第三部《山长水远》。

原稿，并请他提供相关的文献资料，后来他只是转给了我他撰写的题为《岭南画派大师关山月在香港创作漫画内情》的文章，我始终没有看到连环画的原稿。当年，我把李国强先生的文章发表在由自己编辑的《关山月美术馆2002年鉴》① 上。没想到今年这套连环画转到香港画家萧晖荣先生手上，我看到了全部的复印件，也了解到这套连环画画稿的基本情况。

关山月先生在20世纪50年代前后曾创作过三套连环画，其中在20世纪50年代初已出版的有以江萍② 作品《马骝精》为脚本创作的连环画，以及1951年创作的以关山月先生参加粤西山区土改和剿匪斗争的事实为题材的《欧秀妹义擒匪夫》③ 。

2007年10月19日，萧晖荣先生携经他重新装裱好的关山月《虾球传·山长水远》原稿来深，与我确定了在深展览的日期，也带来了相关的文献资料，包括请香港著名自由撰稿人黄洁玲女士④ 重新编写的文字脚本、关怡老师的相关文章、萧晖荣与黄洁玲女士合写的文章以及1984年11月5日香港《明报》第24版刊登的署名“鲁金”的《岭南派大师关山月曾在港创作连环图》文章复印件。并请我来主持编印该画册，并撰写相关的评论文章。我看着眼前关山月现存唯一一套1949年5月到10月间在香港创作的《虾球传·山长水远》原稿（每幅尺寸为22cm × 27cm，共为

---

① 见关山月美术馆编：《关山月美术馆2002年鉴》，第57—59页。

② 郑江萍（1923—1993年）原名郑云鹰，笔名：江萍，广东佛冈人。中共党员。1944年毕业于广东韶师高中。1938年参加革命工作，历任东江纵队政工队队长，连江支队政治指导员，中共广东连县县委宣传部部长，中共中央华南分局宣传部文艺处副处长，中共清远县委副书记，中国作家协会广东分会党组书记、副主席等职，是广东省第四、五、六届政协委员。著有长篇小说《港九枪声》《何直教授》《长路》，中篇小说《马骝精》《刘黑子》，短篇小说《佛仔》《取枪记》《何老懵》，话剧剧本《短枪队长》（又名《过江龙》）等。

③ 《欧秀妹义擒匪夫》连环画，1951年出版，关山月家属藏有印刷本。

④ 黄洁玲，笔名杰灵，原籍广东南海，20世纪50年代生于香港。在香港接受教育，毕业后先后从事语文教学、新闻采访及行政工作逾20年，写下了大量有可读性的报导及评介，当中积累了一批当代艺术大师的采问记，更擅长视觉艺术的评论。近年为教育当局策划及编辑了教改实践的专书《分享学习学习分享》，被业内人士广泛阅读；又作为自由撰稿人，为国际义务医疗机构活动撰稿，弘扬社会志愿服务的精神。著作有《艺林评赏》《名人心路》等。

98幅），其中有一幅两面都有画，而且关怡老师为第一幅画钤上了关山月先生早年用的两个小印，心情非常激动。这是关山月创作的最早的、篇幅最多，却没有正式出版的连环画。在认真地翻阅手头的关山月连环画原稿和全部文献资料后，我也谈谈自己对关山月先生创作的《虾球传·山长水远》连环画的特点和中国连环画发展的一点认识。

一、中国连环画的历史沿革

连环画在中国土地上从孕育、生长到形成，经历过一个漫长的过程。它的雏形可以上溯到战国时代的水陆攻战纹铜鉴上的装饰形象。魏晋时期的卷轴画已经具备了连环画的某些特点，如东晋顾恺之的《洛神赋图卷》《女史箴图卷》，都是人物形象在卷轴画上连续出现，构成故事情节。南北朝、隋唐时代敦煌莫高窟描写佛祖“本生”故事的壁画，元明小说、戏曲印本上的木刻插画，清代的单张连环故事年画等，都是用一幅或多幅画面表现一个事件的不同侧面和发展过程，也初步具有连环画的某些艺术表现特点。清末，随着石印技术进入中国，上海就有《点石斋画报》[①]的问世。清光绪二十年（1894年），在这种画报上刊登了记录朝鲜东学党事变过程的10幅连续画，这就是连环画最早见于石印画报的实例。其后，又有石印“回回图”[②]的出现。虽然它们连续性不强，尚属插图性质，但在表现故事的发展过程以及运用图文结合的方法来增强作品的艺术效果等方面，已具有现今连环画的一些特性，它们对现代连环画的形成起了承前启后的作用。

民国十六年（1927年）前后，看到了连环画图可能具有巨大的市

---

① 由英商美查主办的《点石斋画报》1884年5月8日在上海创刊，是中国近代最早的时事画报之一。画报为石印旬刊，随《申报》附送，也单独发售。晚清著名画家吴友如为主绘。画报配合《申报》国内外时事新闻，发表有关政治、时事、社会生活的图画。有揭露清朝统治的腐朽黑暗和中国人民反抗侵略的作品，也有低级庸俗、带有迷信色彩的图画。《点石斋画报》1898年停刊。

② 明清时期出版的许多章回体文学书籍都绘有线描插图，有些书一回故事就有一幅插图，被俗称为“回回图”，也叫“绣像”。“回回图”增加了书籍的视觉美，又使线描插图为人民大众所熟悉和喜爱。国家图书馆藏元刻《平相三国志》，明刻《西厢记》插图，清刻《红楼梦》插图为其代表作。

场，上海世界书局率先刊行陈丹旭画的《连环图画三国志》①，接着在后来的三四年内，先后出版了《水浒》《岳传》《西游记》《封神榜》等连环图画，可以说是现代连环画的发端。这些开山之作，从形式上看，无疑带有脱胎于插图本小说、戏曲文本的痕迹。

从20世纪40年代起，连环图画步入飞速发展的时期。一些专事连环图画创作的画家出现了，他们风格各异，擅长的题材互不相同，异彩纷呈地并立在连环图画的世界中。最著名的作品有叶浅予的《王先生》②和张乐平的《三毛流浪记》③。其他名家还有以喜剧和闹剧著称的陈光镒、精于江湖武侠题材的颜梅华、专事历史故事的严绍康等等，他们都像今日的笑星或歌星，为千万读者迷恋与热爱。

二、关山月创作《虾球传·山长水远》的背景和特点

在中国社会政治、军事形势发生急剧变化的时代背景下，1949年关山月先生先是在广州参加了“反饥饿、反迫害、反内战”活动，还到中山大学慰问受迫害的学生和教授。没想到在参加游行后的第二天，报纸上就有消息报道，末段还列举了一大串名单，市艺专教师中竟只登了“关山月”的名字。后来，他还接到一封匿名的恐吓信，信上画着一支

① 陈丹旭是中国近代著名的连环画画家。《连环图画三国志》共分24集，每集32图，总计700余图。可见这套连环图画工程非常浩大，画面采用国画笔法，绘制十分精美。首创的连环画如此规模，如此精心，便给连环画带来了信誉，赢得了读者，一炮打响，遍地开花。连环图画的大旗一下子在近代大众文艺的舞台上耀眼地升了起来。

② 叶浅予（1907—1995年），中国现代漫画家、中国画画家。原名叶纶绮，笔名初萌、性天等。浙江桐庐人。早期代表作长篇连环漫画《王先生》以一个平凡小人做主角，用漫画的形式描绘了在当时的背景下一个小人物的生活点滴。从1929年开始，《王先生》先后在《上海漫画》《上海画报》《时代漫画》连载，前后共连载了十年，是迄今为止连载时间最长的连环画。

③ 张乐平（1910—1992年），是中国当代最杰出的漫画家之一。浙江海盐人。1947年其漫画《三毛流浪记》在《大公报》发表，一个大脑袋、三根头发、蒜头鼻的男孩子很快就成为一个家喻户晓的形象。王乐平笔下的三毛是个贫穷、正直的孩子，他倔强的性格深入人心，在普通民众中引起了很大的共鸣。

手枪和几颗子弹[①]。这样，他被迫于同年5月悄悄地离开广州逃到香港，找到他的老朋友香港著名美术评论家黄茅和人间画会[②]的负责人黄新波、张光宇等进步画家，被安排暂住到九龙兰街一栋小楼四楼的香港文协办公地方。

香港文协和人间画会聚集的都是文艺界进步人士，关山月在这里读到毛泽东的《在延安文艺座谈会上的讲话》，他“第一次明白了革命文艺工作者是革命机器的螺丝钉的道理”。他觉得自己以往从事艺术实践中所获得的体会，与“讲话”中所阐明的理论是合拍的[③]。作为一位敏于感受社会政治风云、又能及时通过艺术的方式做出积极反应的进步美术家，关山月面对当时国内政治、军事形势的迅速变化，自然不会袖手旁观。在香港的近半年里，关山月除了有文协按月发的少得可怜的生活费，几乎没有其他的生活来源。他在朋友们的支助下，在香港的一些进步报纸上发表一些表现香港平民生活的速写和漫画，并从事连环画创作，既可以通过自己的劳动换取一些稿酬补贴生活，又可以通过创作充满革命精神的速写、漫画和连环画作品参与进步的文化活动，发出自己的声音。因此，现在看来，关山月在20世纪50年代前后所画的反映下层平民生活的速写和漫画以及创作的三本连环画在题材的选择上是适应时代发展的正确选择。

关山月在香港创作的连环画与其他40年代的连环画不同的是，他选择了与自己生活环境相关的、直接表现火热的革命斗争生活的黄谷柳的小说《虾球传》为创作蓝本。《虾球传》创作于20世纪40年代，共分三部：第一部《春风秋雨》，第二部《白云珠海》，第三部《山长水远》，以1945年抗战胜利至1947年的粤港社会生活为背景，以主角虾球从做街边小贩，充当鳄鱼头手下，以至投身革命队伍的不平凡际遇为主

---

① 参见关振东著：《关山月传》，海天出版社出版1997年版，第24—80页。

② 1946年秋，人间画会在香港成立，这是中共香港党组织直接领导下的美术团体。最初注册发起人有张光宇、黄新波、特伟、梁永泰、黄茅、陆无涯、符罗飞等人，符罗飞为第一任会长，张光宇为第二任会长，黄新波作为中共党员任秘书长，是实际上的负责人。

③ 见关山月：《关山月论画》，河南美术出版社1991年版，第77页；另参见关振东：《关山月传》，海天出版社1997年版，第79页。

线展开。小说塑造了一个生活在香港社会下层少年虾球的形象并展示了他成长的曲折际遇，表现出了一个大时代下粤港的民生与社情。它是当时不多的以粤港现实生活与人物为题材的中国文学作品，具有流畅的地方语言与浓烈的地方色彩。小说中的主角一生的起伏转变，很有传奇和戏剧色彩，是当时中国南方不少追求进步青年的一个缩影，也正是这些传奇的经历，吸引了当时众多的读者，在当时的粤港地区产生了广泛的影响。1947年11月至1948年12月，《虾球传》曾在由夏衍主编的香港《华商报》文艺副刊版以陆续连载的形式发表，是当时香港最畅销的小说之一。

关山月的这套连环画是以《虾球传》第三部《山长水远》为蓝本。该连环画首先较好地体现了原著的精髓，也反映了关山月一贯重视写生和生活的特点，勾画出新中国成立前夕粤港社会的景象以及当时民众的现实生活，具有浓厚的粤港地方特色，与画家当时的生活环境和在香港画的反映香港平民生活的速写可以说是一脉相承①。他的画面整体浸透着苦涩、深沉的忧患意识和对“人”的无限同情，是画家悲天悯人的人文主义胸怀的自然流露。

我们知道，连环画的价值主要体现在它的绘画艺术上，用绘画的形式连续再现文学作品，这使它既要求注意图文结合，又要注意图画前后之间紧密的连续性，根据故事情节一环紧扣一环，读起来才能引人入胜。同时，人物形象的刻画是否生动，生活环境的细节描绘是否真实，决定了连环画作品价值的高低。

关山月在《虾球传·山长水远》这套连环画的人物处理上，造型夸张，不似真实而胜似真实，这是画家对 “解牛游乎虚，相马遇以神”中国传统文化至高境界的追求。画面的人物造型虽然夸张，但又质实具体，对虾球、丁大哥等主要人物形象的塑造，应该说具备了典型而生动的特色，特别是成功地塑造了16岁的街头流浪孩子——虾球。他为人机灵又刻苦耐劳，曾充当了黑道中人的得力马仔，在劫富济贫的正义感驱

① 参见关山月美术馆编：《人文关怀——关山月人物画学术专题展》，广西美术出版社2002年版，第51—58页。

使下，加入了游击队，后在多位革命前辈引导下思想渐趋成熟，智勇得到充分发挥，且屡建战功，其形象感人至深。在我看来，画家在对反面人物如鳄鱼头、马专员的形象塑造上更是精彩，用生动的形象揭露了旧中国的腐败和黑暗。整套连环画通过采用远、中、近景互补的构图方式，突出了主要人物，使读者不仅能从中看懂故事，完成阅读连环画第一个层次的功用，而且从中我们还能感受到画家的文艺观点和政治倾向。

中国绘画的神韵体现在线条上，关山月在这套连环画的创作中特别长于用线，他一直认为书法意义上“写”是中国绘画的一个特点，中国画最忌“涂”，要处处见笔道，见笔力。[①]他那铮铮劲健的线条就是用写字的方法“写”出来的，线条用墨浓重干涩，使人感受到一种气息，清新之气扑鼻，而苦涩之味又钻心彻骨，使我们体会到了中国传统绘画中线的独特魅力！

关山月秉承中国绘画的传统，但绝不保守。他的画从不左顾右盼，不傍人门户，不矫揉造作，不刻意求工。他的这套连环画构图严谨而又变化多端，线条纵横交错而绝不散乱无章。从内容意蕴到形式的创造和追求，都渗透着这位画家独特的情绪、思考、构想和对审美价值的求索。我以为关山月的可贵正在于他不迎合既往的审美情趣，而潜心发掘和表现新的审美领域、新的时代气息，这使他创作的连环画出人意料，又能发人思索。

三、关山月连环画创作的历史局限和意义

连环画艺术是文学与美术相结合的艺术，其文与图是辩证的统一体，它们互相依赖，互相补充，珠联璧合，交相辉映，既要发挥各自的特长，又要紧密相融，从而使读者获得文学故事情节与绘画视觉形象完美结合所产生的艺术美感。连环画的文字部分，历来称作文学脚本，作为连环画的一翼，它是整个连环画艺术不可或缺的。文学脚本的编写创

① 参见关山月：《有关中国画基本训练的几个问题》，载1961年11月22日《人民日报》。

作过程，一定要体现出文字的文学性，其基本要求是简洁、生动、明了，富有韵味。文字脚本既是连环画的内容所在，又是连环画创作的基础和依据。好的文字脚本读起来引人入胜，使读者能对主题留下深刻的印象。在初创阶段，有些连环画本不大有编脚本的观念。

现在我们已无法了解关山月在创作《虾球传·山长水远》时有无改编好的文字脚本，但萧晖荣先生得到的关山月《虾球传·山长水远》的连环画稿是没有文字脚本的，后来他就请了香港著名自由撰稿人黄洁玲女士重新编写了文字脚本。由于两个人的时空背景不同，文字脚本与画面之间就会显得不够契合。

当然，文字是连环画的重要一环，但更重要的还是画，画才是连环画之本。读者爱看连环画，无疑是被那些多姿多彩、栩栩如生的画面所吸引。尤其是优秀的画家，其绘画质量是衡量一部连环画价值的决定性因素。

1949年后，新中国对旧的绘画形式的改造，首先是从最为普及的年画、连环画开始的。关山月创作《虾球传·山长水远》连环画，就刚好在这个历史交替的前夕。由于历史的局限，关山月的连环画创作，还无法达到现代连环画创作所要求的首尾呼应、一气呵成之势；在具体画面的处理上，关山月虽然发挥了他擅长处理画面环境的能力，并巧妙地运用环境烘托、气氛渲染法突出了主要人物，这些场景画得很是见功夫，有些却有喧宾夺主之嫌；主要正面人物的形象，在某些画面表现得还不够鲜明和突出。

由于连环画的通俗性特点，新中国成立后，政府把连环画作为教育民众的一种重要方式。在这一时期，连环画作品充实着人民的文化生活，连环画不仅是青少年的重要课外读物，也是许多成年人文化娱乐的重要内容。这使得在接下来的十几年里连环画得到超常的发展，不仅提高了连环画的社会地位，也从整体上提高了连环画创作的艺术水准，出现了一批能在绘画史上立足的作品。我们可以这样说：从20世纪中叶到80年代中后期，连环画享受了近40年的黄金岁月。但是，在后来的十多年间情况峰回路转，到了20世纪末，连环画的创作基本已成绝唱。[①]

连环画，是近代中国大众文化的独特创造，它在样式、开本、画法乃至命名上，全是中国式的，十分契合民族的审美心理，也曾被大众所普遍认可，具有强烈的时代特征。但目前对这一领域的研究尚不深入，特别是对广东地区的连环画研究基本没有开展。由于连环画本身蕴含的出版学、社会学、美术学信息十分丰富，对关山月先生连环画创作的个案研究，对于推动对20世纪广东地区的连环画创作的研究和挖掘工作的开展，将显现出其独特的价值和意义。

（原载《陈湘波文集·百年关山月》，广西美术出版社2015年版）

① 根据上海大可堂文化有限公司编订的《中国连环画目录汇编》统计，从1949年至1994年，中国一共出版了36000余种连环画，分别出自9000余位作者，由近400家出版单位出版。

只留清气满乾坤

——关山月艺术生涯略论

关　坚

这个拿着碎瓦片和木炭趴在晒谷场的地上专心画画的儿童应新，就是后来名扬万里的关山月。父亲为了适应新潮流，给这个出生在辛亥革命第二年的儿子取了一个如此应景的乳名，这或许预示着应新与这个新时代承载着同样的命运。

关山月是广东阳江人，其家庭原是书香门第。其祖父鹤俦公是清朝的拔贡①，在当地颇有名望，家中曾有过十多亩田地，还有一个书斋，书斋有一个种满各种花卉的花园，相当雅致。其中园内种植的几株老梅成为了关山月少年时描摹的天然粉本，据关山月回忆，他常画梅花为题材的作品，与其童年学写梅不无关系。关山月的父亲关籍农饱读诗书，在村里的小学任校长与教书先生，但在关山月出生的时候，由于其父不善经营，家道已经开始中落，可以说，他童年是在贫困中度过的。

受父亲偶尔画几笔梅兰竹菊的影响，关山月从小就喜欢绘画。1932年，关山月从广州市立师范学校毕业后，在广州市一所小学任教。当时岭南画派的主要创始人高剑父在中山大学讲学，关山月得到一位同学的帮助，前往中山大学旁听，后被高剑父发现其绘画天赋，便吸收他进自

① 科举制度中由地方贡入国子监的生员之一种。清朝制度，初定六年一次，乾隆中改为逢酉一选，也就是十二年考一次，优选者以小京官用，次选以教谕用。每府学二名，州、县学各一名，由各省学政从生员中考选，保送入京，作为拔贡。经过朝考合格，可以充任京官、知县或教职。

己创办的春睡画院学习绘画，并对他多有资助。从这时起到1940年，他一直跟随高剑父学画。

1939年秋至1940年春，关山月第一次在澳门、香港和广州湾（今湛江）举办个人画展，以作品题材之新颖，生活气息之浓郁，获得美术界的重视和观众的好评。展出的作品有《从城市撤退》《三灶岛外所见》《渔民之劫》《中山难民》等，以现实主义的方式描绘了逃难过程的真实经历和切身感受。不难看出，此时的关山月已经显现出艺术家关注社会现实的敏锐触角和铁骨铮铮的民族气节。

为了师法自然，学习社会，1940年暮春，关山月离开澳门经香港回内地，开始了“行万里路”的计划。他背着一个装着笔墨砚台的画囊，从广东出发，到过广西、贵州、云南、四川、甘肃、青海、陕西等省，登临名山大川，跋涉于少数民族地区，沿途深入生活，收集素材，一面写生，一面创作，并在韶关、桂林、贵阳、重庆、昆明、成都、西安、兰州等城市举办个人画展，用卖画得来的钱维持生活和作为继续旅行的盘缠。为了到西北去描绘北国风光，他婉言谢绝了重庆国立艺专邀他担任教授的聘请，在条件非常艰苦的情况下，偕夫人沿着河西走廊出嘉峪关，入祁连山，越戈壁，进入敦煌，临摹和研究莫高窟千佛洞的古代壁画，学习中国古代传统艺术。从1940年到1945年的六年旅行写生，对关山月的绘画艺术的提高起了非常重要的作用。在此期间，他收集了大量创作素材，临摹了一批敦煌壁画，并创作了数以千计的画卷。其中《漓江百里图》《塞外驼铃》《峨眉烟雪》《冰河饮马》《祁连放牧图》《牧民迁徙图》《今日之教授生活》等，生活气息浓郁，意境清新，初步形成了自己的风格。

对于习惯了南方景观的人来讲，西南西北之行开阔了关山月的眼界。他是这样描述他的感受的：

像我这样的一个南方人，从来未见过塞外风光，大戈壁啦，雪山啦，冰河啦，骆驼队与马群啦，一望无际的草原，平沙无垠的荒漠，都使我觉得如入仙境。这些景物，古画看不见，时人画得很少，我是非把这些丰富多彩的素材如饥似渴地搜集，分秒必争地整理——构思草图，为创作准备不可的。这是使我一生受用不尽的绘画艺术财富，也是使我进一步坚信生活是创作的泉源的宝贵实践……①

关山月在西北之行所记录下来的，多是未曾见过的新事物。他的速写画，不仅有山水、人物，还有禽畜、器物等；有纯用铅笔，有纯用毛笔，也有类似水彩画草图般先用铅笔勾描轮廓再用毛笔涂上浓淡不一的墨色的，这些图像记录了他旅途中的见闻。如1942年在贵州，他记录了当地许多独特的乡民景象、民族服饰和器物等。《贵州写生之二十三》描绘了贵州一家大小坐在稻草旁的情形，他题款写道："贵州'天无三日晴'和四川所谓'蜀犬吠日'都是一样在雨雾中过着活，尤其是冬季，若太阳出了，无不笑逐颜开，跑到郊里去晒阳光。他们一家老幼正在稻草旁边娱孩和补破衣服呢。"又如《贵州写生之三十二》描绘了市肆中的苗人，其题款云："苗人生活勤苦，虽在市肆中仍不断其缉麻工作，此图写于贵阳花溪镇。"虽是简短的文字，其新鲜之感仍溢于言表。异乡的见闻无疑令关山月感到新鲜、陌生，激发了他描写的兴趣。

在描绘速写的过程中，对于同一事物，关山月为了更好地表现它，可能会从不同的角度加以描绘，例如1943—1944年西北写生中就有他集中描画的马。这些马形态各异，或奔跑，或腾跃，或步行，或涉水，或人骑于马背抽鞭的动态，一张尺寸为25cm×31cm的纸上，描绘之马多达十匹以上。它们之间各无关联，只是作者为了尽可能地利用纸面空间而已。不厌其烦地对同一事物的表现，最终为关山月的艺术创作带来实质性的影响。1963年根据毛主席诗意，描绘万马穿行于群山之间的画作《快马加鞭未下鞍》，就得益于此前所作的速写。②

之所以要着重叙述关山月西南、西北之行，是为了说明：首先，

① 关山月：《我与国画》，《文艺研究》1984年第1期，第121页。

② 关山月在晚年接受采访时曾说："我在创作《快马加鞭未下鞍》时，画中有许多飞奔腾跃的骏马，我都是信手画来的，但马的形态各异，这完全有赖于于我当年在西北对马的细致观察、分析和认真的写生。"见陈湘波：《风神藉写生——关山月先生访谈录》，《关山月写生集（西南山水写生）》，关山月美术馆1998年，第5页。

褪去了高剑父的艺术影响、淡化临摹的痕迹，关山月学会了以自己的方式来观察、表现大自然与现实生活；其次，对熟习南方风物的关山月而言，首次西行，获得了多种地域风貌和少数民族奇异风俗的视觉体验，促使了他绘画语言的转变，这是他一生践行“不动便没有画”的艺术理念和保持“笔为定型”技巧的其中渊源；再次，关山月结识了同样西行的来自各地的知名文化人，拓展了艺术视野和接收不同的艺术观点之余，亦让关山月的艺术交往圈大大拓展，对其日后的艺术事业起到极大的帮助。

1947年7月，得友人资助，关山月开始了南洋之行，“在暹罗逗留了三个多月，先后到过清迈、南邦、大城、士拉差、万佛岁、佛丕、华欣、宋卡、合艾各地，马来亚之星加坡、吉隆坡、槟榔屿各处，一共也停留了三个月，这一行恰巧半个年头，搜集的画稿总算有三百余帧”。①这是他首次涉足域外，色彩鲜明的东南亚风光陶冶了其笔墨色彩，同时，他用临摹敦煌壁画习得的技巧与方法来描绘这些皮肤黝黑的东南亚人。他对人物的描绘是值得注意的，《男人坐像》（1942年）及《南洋写生之九十》（1947年）、《南洋写生之九十四》（1947年）等铅笔速写，显示了关山月西画素描的功底，人物头部、手、足对骨骼和明暗的表现，正如前文引述简又文所言“非由西洋画学又乌得此”的观感一样，没有经过素描的训练，显然是不可能达到的。关山月在南洋举办个人画展，受到华侨的热烈欢迎和喜爱。回国后，1948年在上海举办过西南、西北和南洋旅行写生画展，并出版了由高剑父题签、徐悲鸿和陈曙风写序的《关山月纪游画集（第一辑）·西南、西北旅行写生选》，以及由庞薰琹作序的《关山月纪游画集（第二辑）·南洋旅行写生选》，从《关山月纪游画集》的几篇序文发现，作序者都不约而同地把注意力放在关山月艺术求“变”这个层面上，如陈曙风说的“他所走的路愈远，他的变动就逾大”。②早期的评论者提醒我们，要理解关山月的作品，“最紧要的要如我们所讲，把太阳眼镜除去，先看看自己周围的事

---

① 《关山月纪游画集（第二辑）·南洋旅行写生选》，广州市立艺术专科学校美术丛书，1948年8月，第3页“自序”。

② 《关山月纪游画集（第--辑）·西南、西北旅行写生选》，广州市立艺术专科学校美术丛书，1948年8月，第2页。

物，有了了解，然后请看关山月的作品"[①]。其言下之意即告诫我们，要注意关山月作品与其周围生活之间的关系。

从抗战时期至新中国成立前夕，关山月的艺术发展从折衷派向现实主义转变，这个转变是通过写生完成的，而这也是在另一层面上实践着高剑父的艺术理念。

1946年结束了西北之游，关山月回到广州就被聘请为广州市立艺专教授兼中国画科主任。在广州任教期间，正是国民党反动派发动内战、变本加厉迫害人民的时候。1949年初，广州曾以大专院校师生为骨干，进行过反饥饿、反迫害的斗争，关山月激于正义感，参加了这一正义斗争，以此之故，受到广州反动当局的威胁、恐吓。是年暮春，乃转移到香港，参加了由中国共产党领导的进步文化团体"人间画会"，从事革命文艺活动，这段经历对他的思想影响很大。在这期间，他学习了毛泽东同志的《在延安文艺座谈会上的讲话》，明确了艺术与生活、艺术与革命斗争、艺术与群众的关系，更加自觉地要用画笔为人民服务。

新中国成立后，关山月长期从事教学工作，先后担任过华南文艺学院教授兼美术部副部长、中南美术专科学校教授兼副校长、广州美术学院教授兼副院长等职务。除教学外，他还始终坚持深入生活，勤奋创作。他参加过两年土地改革运动，后来又经常下乡、下厂，到矿山、海港、渔村、水利建设工地和革命圣地、名山大川参观学习，体验生活，从事写生。他曾三次上井冈山，到过瑞金、遵义、延安、韶山等革命圣地，登过长白山、庐山、黄山、天山，畅游过黄河和长江诸峡，出过山海关、嘉峪关、雁门关，重游甘肃、青海，再访敦煌，西出阳关。此外，他还到过朝鲜，访问过波兰、法国、瑞士、荷兰、比利时、苏联、越南，20世纪80、90年代曾分别到日本和澳大利亚举行画展，到美国的柏克利大学、哈佛大学、贝勒大学和纽约市立大学讲学，到新加坡与诗书画界人士进行艺术交流，观摩过这些国家的绘画艺术。新中国成立后，他的绘画艺术有了突飞猛进的发展，创作了大量作品，共出

① 林镛：《介绍"关山月个展"》，原载1940年10月31日《广西日报》；现引自《关山月研究》，第2页。

版了《关山月画集》（上海人民美术出版社1958年版）、《关山月、傅抱石东北写生选》（辽宁人民出版社1963年版）、《关山月作品选集》（岭南美术出版社1964年版）、《关山月画集》（广东人民出版社1979年版）、《井冈山》（人民美术出版社1984年版）；《新开发的公路》《东风》《疾风知劲草》《煤都》《长白飞瀑》《飞雪迎春到》《星火燎原》《俏不争春》《绿色长城》《天山牧歌》等都是艺术水平较高的力作。其中《俏不争春》被日本《读卖新闻》列为世界名画，在1983年2月2日该报的《世界名画》专栏，编者村三赖雅夫为文用了一半的篇幅加以介绍，称此作品为“现代中国绘画之高峰”。他的《秋牧图》被世界文化出版社（日本版）出版的《世界美术》收入，登载在《中国名画》栏。他的《龙羊峡》曾获“庆祝建国三十周年全国美展”三等奖，《鼎湖山组画》获广东省首届鲁迅文艺奖一等奖，《碧浪涌南天》获第六届全国美展荣誉奖。他与傅抱石合作的《江山如此多娇》，挂在人民大会堂迎宾厅，更是脍炙人口，深受国人的推崇。

关山月的作品惯用浓重的色调，呈现磅礴的气势，已经具有高度成熟的技巧和独特的风格。到20世纪80年代，他多次为政府重要机构绘制大型作品：1987年8月，为迎接中国共产党的十三大的召开而创作巨幅国画《国香赞》，悬挂在人民大会堂东大厅；1989年为迎接国庆40周年，应邀作大画《大地回春》悬挂在北京天安门城楼中央大厅；1995年为全国政协礼堂作大画《黄河颂》等。

随着改革开放政策的确立和开展，国家日渐安定、繁荣昌盛，中国的美术事业也蓬勃发展。在20世纪70年代末期，关山月参与了广东画院复院的筹备工作，1979年任广东画院院长，他为广东美术的发展、人才的培养投入了所有的精力。

由于亲历、目睹祖国的巨大变化，关山月表现出强盛的创作欲望，他先后到广东鼎湖山和南昆山、四川峨眉山、海南岛写生创作，并到日本、美国、澳大利亚、新加坡、泰国、中国澳门访问、讲学、举办画展。而且，他有感于祖国欣欣向荣的新变化，从事着巨幅宏制的山水和梅花创作之余，还给自己定下了绘制《祖国大地》组画的目标，如《江南塞北天边雁》（1982年）、《碧浪涌南天》（1983年）、《云龙卧海疆》（1992年）、《南海荫绿洲》（1992年）、《白浪涌绿波》（1993年）、《张家界》（1998年）等。关山月经历大半个世纪，用他自己的话来说是“笔墨要与时并进”“艺术来源生活”。个人经历、社会现实、生活实践坚定了他的艺术方向，其艺术思想通过画幅抒发出来。这也决定了他的画不是“聊以自娱”的闲情雅兴，不是毫无意义的空论陈词，而是跳动着时代脉搏的作品。

1993年，关山月向深圳市政府捐赠了毕生精心创作的画作800余件和一批文献资料，深圳市政府因此建立了一座以关山月个人名字命名的美术馆以永久收藏这批画作。1997年6月25日，关山月美术馆在香港回归之前正式落成开馆，具备国家公共美术馆的各项功能的同时，也旨在收藏、研究、推广关山月艺术，其二楼长年陈列关山月的作品。

同时，关山月对他生活和工作的广州也十分关心，长期支持当地美术馆的建设。1991年6月，岭南画派纪念馆在广州美术学院落成，关山月任岭南画派纪念馆董事会董事长。他和岭南画派代表人物赵少昂、黎雄才、杨善深一起，把他们的83幅合作画，无偿捐赠给岭南画派纪念馆收藏。他个人也曾先后向国家的其他美术机构捐赠过不少作品：1997年9月向广东美术馆捐赠5件作品，11月向岭南画派纪念馆捐赠145件；1998年，向广州艺术博物院捐赠书画105件。

年近九旬高龄的关山月仍然一直信守“不动便没有画”的信念，坚持奔走各地写生。1998年5月到湖南张家界采风写生，归来后创作《张家界》长卷两幅。1999年8月又奔赴云南写生，途经海拔3800米的云南丽江高原、长江第一湾、金沙江畔的虎跳峡、香格里拉等地。

2000年4月，中国美术家协会为关山月在中国美术馆举办“关山月梅花艺术展”，并由岭南美术出版社出版大型画集《天香赞——关山月梅花选集》，展示他最近创作梅花作品近百幅，表现了他对梅花这一传统形象的理解。梅花展在广州的岭南画派纪念馆巡展之后，6月25日又在深圳关山月美术馆展出，展期至7月9日。6月28日晚，关山月回到广州休息。30日，关山月白天在家中整理准备赴台湾展览的资料，晚上就因脑出血入院，7月3日去世。关山月先生为美术事业孜孜不倦奋斗了大半个世纪，在生命的最后时刻依然在为自己的艺术理想而奋斗。当时在深圳举行的梅花艺术展览还没有结束，令此次展览变成关山月有生之年为人民作的最后一场艺术汇报！

关山月绘画，一贯坚持现实主义创作方法，主张有感而发。他认为：

第一，中国画必须批判地继承传统，没有传统就不是中国画。

第二，必须在继承传统的基础上加以发展，他在《中国画的特点及其发展规律》[①]一文中专门提及继承借鉴与变法创新的内容：

> 我们继承，不是全面复古；我们借鉴，不能全盘西化。……“古为今用，洋为中用”是完全正确的。我们的目的是要变法创新。……唐代诗人白居易就强调“文章合为时而著”。明代石涛更明确提出“笔墨当随时代”。……现代中国画画家继承传统，亟应“学古希古心，不学古人面”。按照我的考察与理解，中国古以迄今的一部艺术史，绘画史，其主流是随着时代的变革而寻找创新道路的历史。

第三，是坚持面向生活，艺术从生活中来，但艺术要源于生活高于生活。关山月说过：

> 我坚信生活是艺术创作唯一的源泉。没有生活依据的创作，等于无米之炊，无源之水。生活的积累，是创作的财富。中国画最大的特色，是背着对象默写的，不满足于现场的写生，现买现卖的参考，如写文章一样，若字句都不多认识几个，只靠查字典来写作是不行的。所以必须经过毕生的生活实践，通过不断的“四写”（即写生、速写、默写、记忆画）的手、眼、脑的长期磨炼，让形象的东西能记印在脑子里，经过

① 关山月：《中国画的特点及其发展规律》，引自关山月：《乡心无限》，江苏文艺出版社 2008年版，第79页。

反刍消化成为创作的砖瓦，才能建成高楼大厦。[①]

关山月一生写生无数，大江南北、名山大川都留下了其观察自然、体验生活的足迹；在不同时期，甚至远涉南洋、欧洲和北美诸地，留下了大量反映当时当地风土人情的写生作品。在1997年关山月美术馆成立时，关山月向该馆捐赠的800多件作品中，其中速写和写生作品就占了三分之一，可见关山月所坚持的艺术从生活中来的艺术实践。

最后，引用关山月先生的一首诗与一段话作为本文的结语：

风尘七十长坚持，多少甘苦我自知；
若论文章兴废事，半凭己力半凭师。[②]

回顾我数十年的经历，为了坚持绘画艺术事业，的确吃过不少苦头，有时是自找苦吃，但我坚信“不入虎穴焉得虎子”。苦中有甘而又甘中有苦，艺术的成就是要付出代价取得的，艰苦的历程是一步一个脚印锲而不舍地走过来的。过去我虽然有过不少波折与困难，但“穷且益坚，老当益壮”这信念始终激励着我把遭遇的消极因素化为积极力量……我当再接再厉，鼓起风帆，在无涯的艺海上继续前行。[③]

（《西泠艺丛》2017年第1期）

---

① 关山月：《有关中国画创作实践的点滴体会》，《美术》1995年第3期，第16页。

② 80年代关山月作《感怀》七言绝句四首中的第二首。《关山月诗选》，海天出版社1997年版，第11页。

③ 引用自关山月1986年所写文章《绘事话童年》，选登于关山月：《乡心无限》，江苏文艺出版社2008年版，第3页。

当代岭南文化名家

第三篇

关山月作品

I 画作

笔墨当戈（抗战时期作品）

◎ 玫瑰 1939年 49cm×53.8cm 关山月美术馆藏

◎　游击队之家　1939年　155.5cm×188.6cm　关山月美术馆藏

◎　寇机去后　1939年　133cm×67.7cm　关山月美术馆藏

◎　三灶岛外所见　1939年　145cm×83cm　关山月美术馆藏

◎　渔民之劫　1939年　172.3cm×564cm　关山月美术馆藏

◎　从城市撤退（局部之一）　1939 年　40cm×766cm　关山月美术馆藏

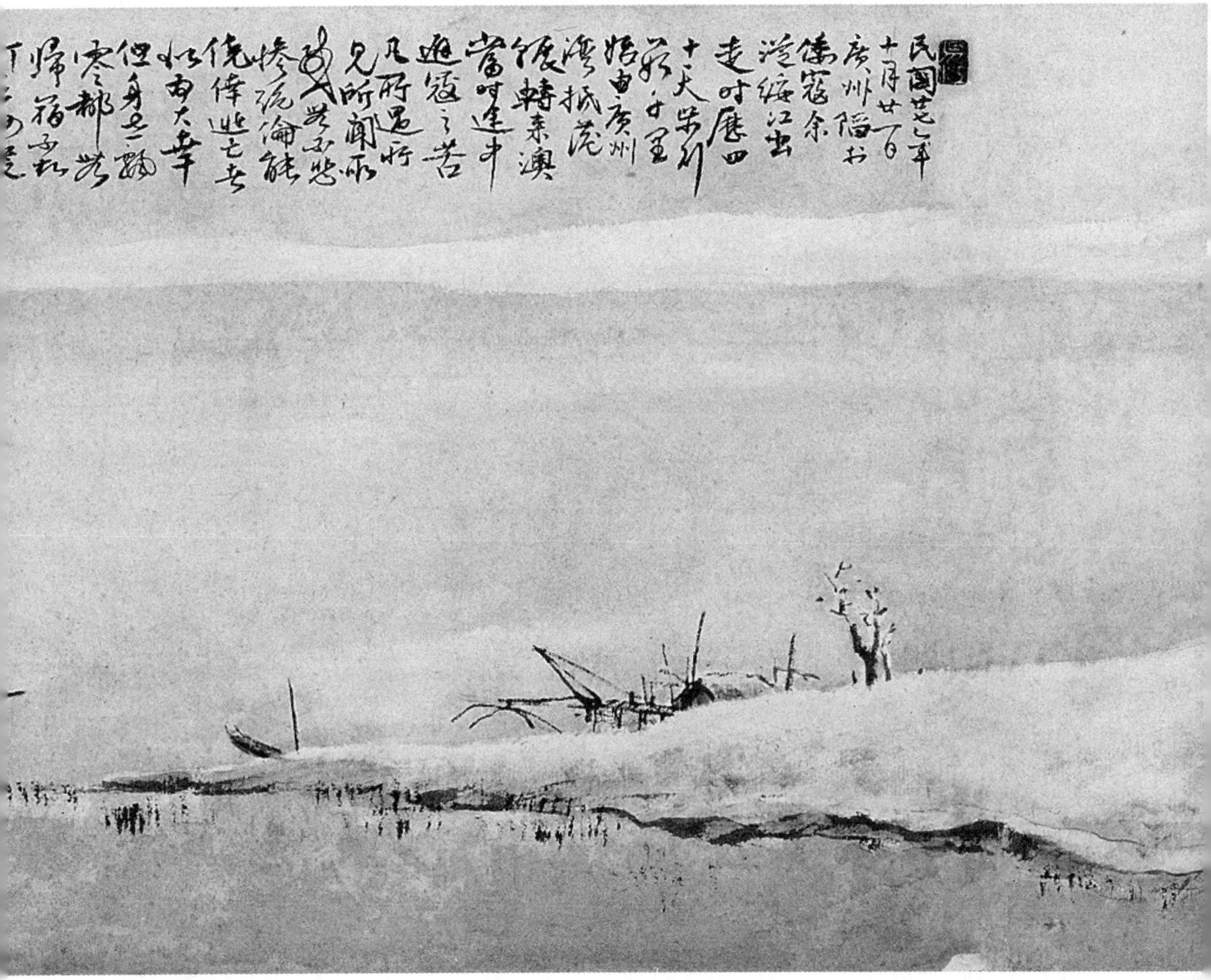

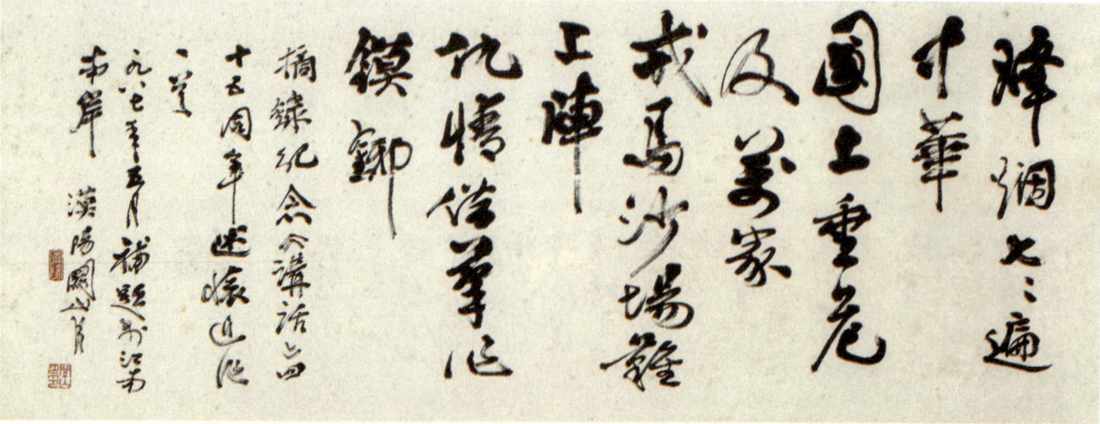

◎ 中山难民 1940年 120.5cm×94.5cm 关山月美术馆藏

◎ 侵略者的下场 1940年 122.8cm×94.6cm 关山月美术馆藏

◎ 今日之教授生活 1944年 115.8cm×64cm 关山月美术馆藏

◎　铁蹄下的孤寡　1944年　120cm×63cm　关山月美术馆藏

漫道寻真（行万里路写生作品）

◎ 漓江百里图（局部之一） 1941年 32cm×2874.5cm 关山月美术馆藏

◎ 峨眉烟雪 1941年 35.6cm×47cm 关山月美术馆藏

◎ 都江堰 1942年 34.4cm×48.8cm 关山月美术馆藏

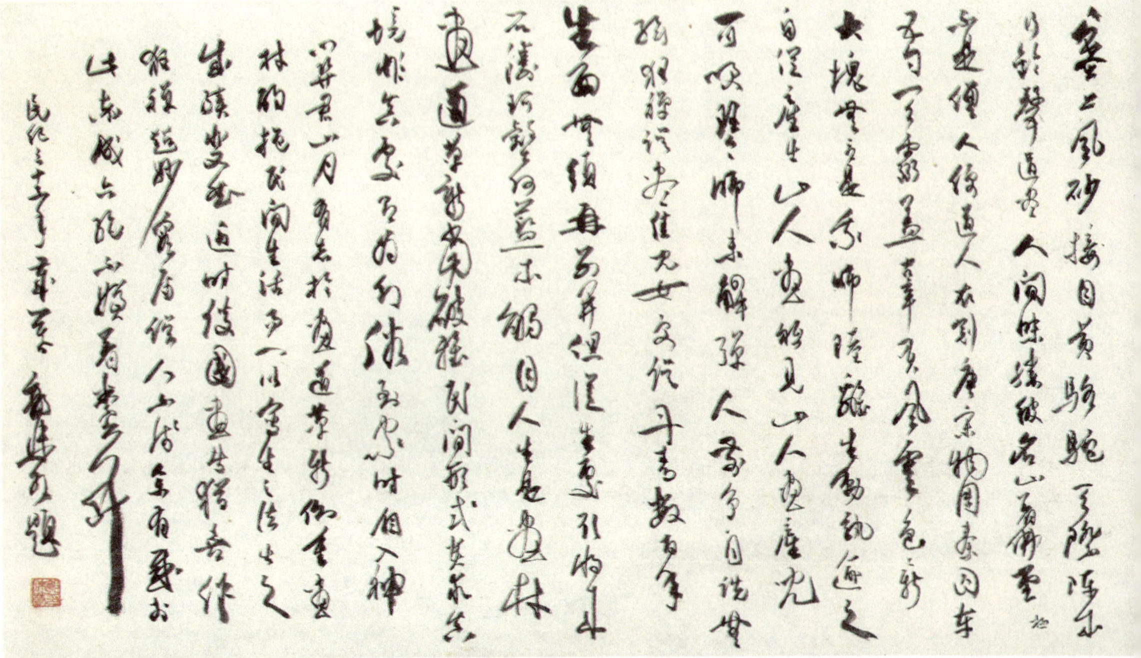

◎　塞外驼铃（附：郭沫若题诗）　1943年　60cm×45.3cm　关山月美术馆藏

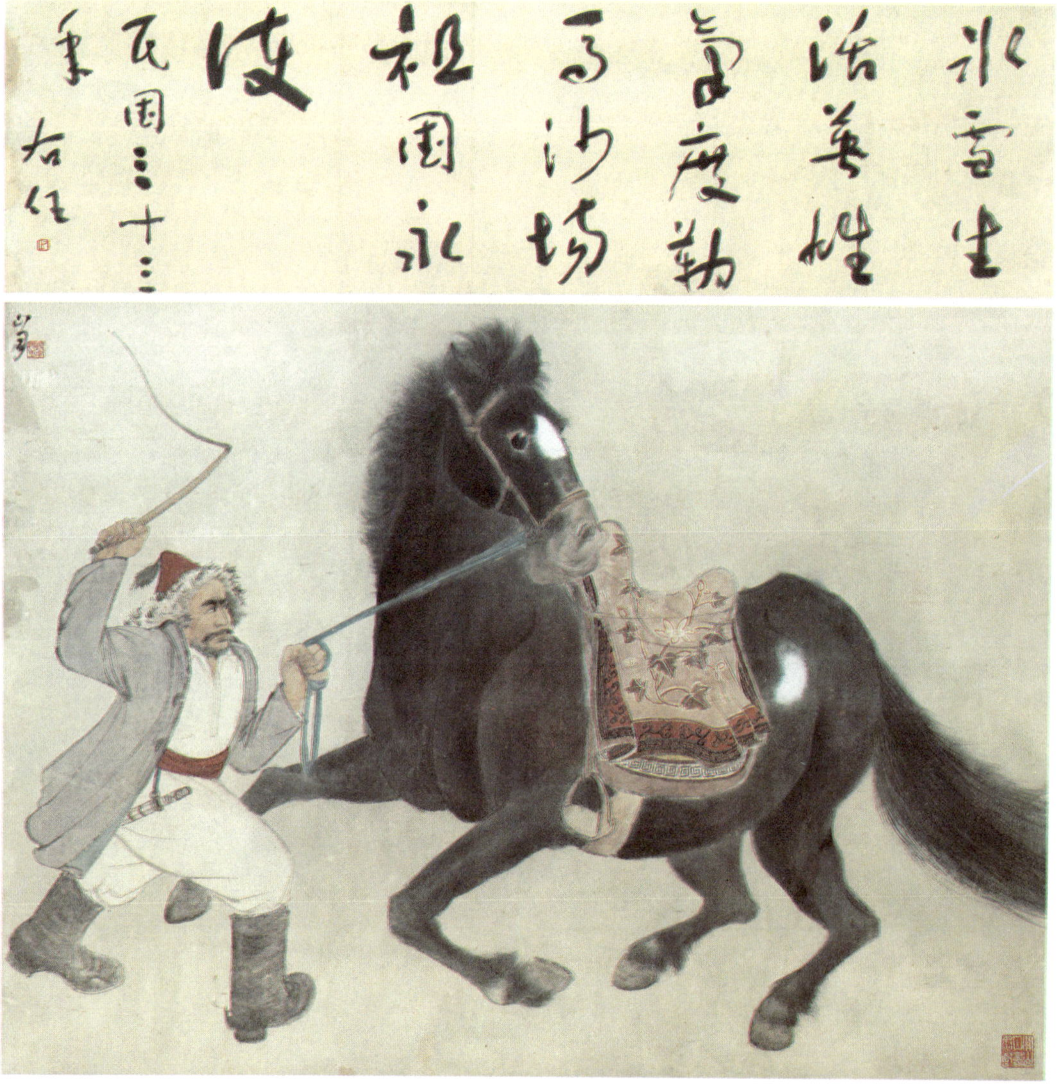

◎ 哈萨克鞭马图（附：于右任题诗） 1944年 163.4cm×159.8cm 关山月美术馆藏

◎　黄河水车　1943年　32.8cm×42.8cm　关山月美术馆藏

◎ 祁连牧居　1944年　33cm×41cm　关山月美术馆藏

◎ 蒙民游牧图 1944年 85.5cm×222.5cm 关山月美术馆藏

◎ 椰林市集 1947年 117cm×48cm 关山月美术馆藏

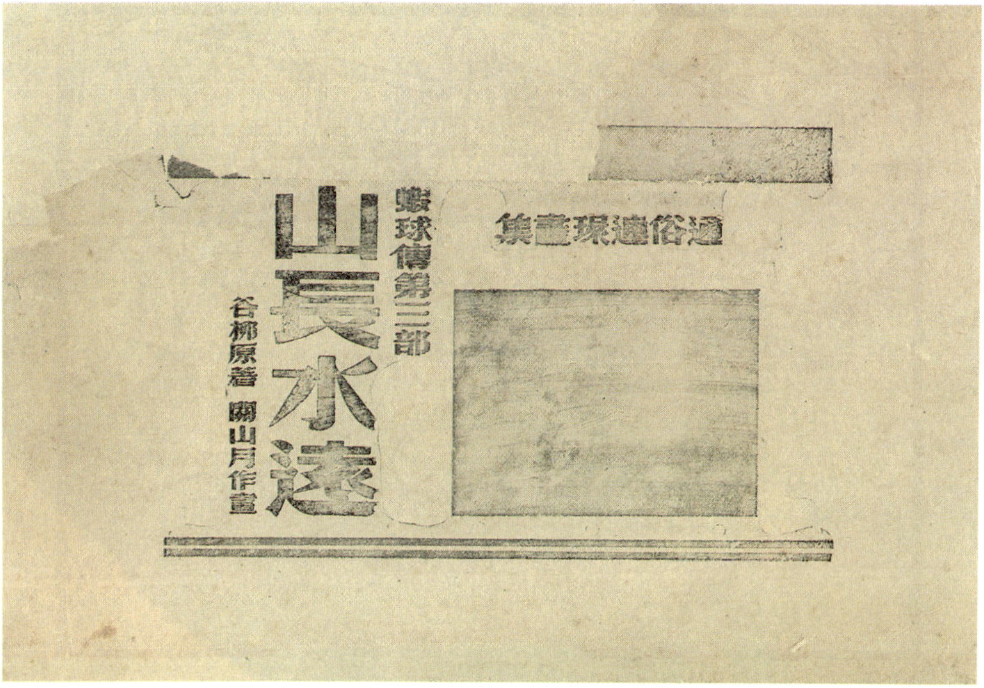

◎　《虾球传》第三部《山长水远》连环画封面　1949年　私人藏

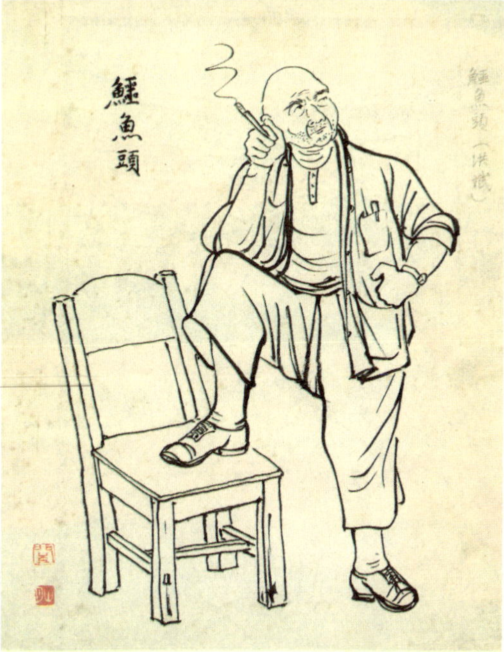

◎　《虾球传》第三部《山长水远》连环画人物介绍之一　1949年　私人藏

◎　《虾球传》第三部《山长水远》连环画人物介绍之二　1949年　私人藏

◎ 《虾球传》第三部《山长水远》连环画之一 1949年 私人藏

◎ 《虾球传》第三部《山长水远》连环画之二 1949年 私人藏

◎ 《虾球传》第三部《山长水远》连环画之三 1949年 私人藏

◎ 《虾球传》第三部《山长水远》连环画之四 1949年 私人藏

江山多娇（建设新中国时期作品）

◎ 穿针 1954年 39cm×31.8cm 关山月美术馆藏

◎ 听毛主席的话 1963年 151cm×69cm 岭南画派纪念馆藏

◎　你瞧！又添了一桥墩　1955年　97cm×168cm

◎ 格但斯克造船厂的贝鲁特号 1956年 32cm×41cm 关山月美术馆藏

◎ 陶瓷艺人 1956年 40cm×30cm 关山月美术馆藏

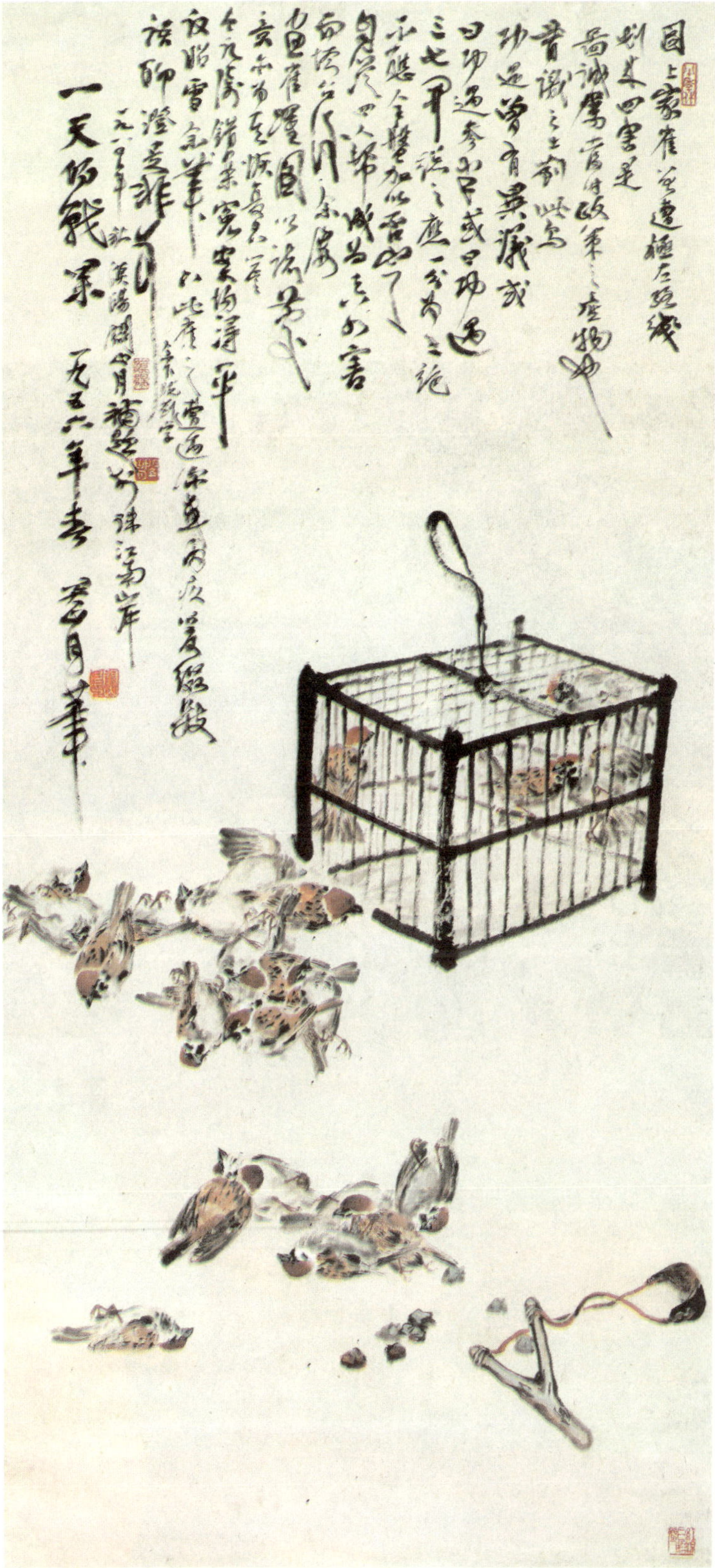

◎　一天的战果　1956年　144cm×64.5cm　关山月美术馆藏

◎ 首都写生 1956年 31cm×42.2cm 关山月美术馆藏

◎　红领巾　1956年　32.3cm×42.5cm　关山月美术馆藏

◎　山村跃进图（局部）　1958年　31.3cm×1526.5cm　关山月美术馆藏

◎　山乡冬忙图（局部之一）　1958 年　31.5cm×409.5cm　私人藏

◎　江山如此多娇（与傅抱石合作）　1959年　550cm×900cm　人民大会堂藏

◎ 长白飞瀑 1961年 115.8cm×71.5cm 关山月美术馆藏

◎ 古木逢春 1961年 145.2cm×81.8cm 关山月美术馆藏

◎　煤都　1961年　45.5cm×100cm　中国美术馆藏

◎ 新开发的公路 1954年 177.9cm×94.1cm 中国美术馆藏

◎ 南国水乡 1960年 153cm×79cm 关山月美术馆藏

◎　榕荫曲　1962年　95cm×57cm　岭南画派纪念馆藏

◎　瑞鹤图　1962年　152.5cm×80.4cm　广州艺术博物院藏

◎ 快马加鞭未下鞍 1963年 80.2cm×99cm 关山月美术馆藏

◎ 祁连放牧 1963年 48.3cm×57.8cm 广州艺术博物院藏

◎　朱砂冲哨口　1972年　70cm×97.6cm　关山月美术馆藏

◎ 长城内外尽朝晖　1974年　142.3cm×219.4cm　关山月美术馆藏

◎ 绿色长城 1974年 143.2cm×252cm 中国美术馆藏

綠色長城
關山月

◎　俏不争春　1973年　140cm×120cm　中国美术馆藏

◎　报春图　1975年　83cm×69cm　私人藏

◎ 晨练 1975年 69.5cm×134cm 私人藏

◎ 油龙出海 1975年 76.6cm×180.8cm 私人藏

◎　星火燎原　1976年　95cm×57cm　私人藏

◎　五老峰下育新苗　1976年　130cm×83cm　关山月美术馆藏

山月新辉（“文革”结束后作品）

◎ 羊城花市 1977年 141cm×97cm 广州艺术博物院藏

◎　龙羊峡　1978年　153cm×130cm　广东美术馆藏

◎ 长河颂 1981年 82cm×142cm 关山月美术馆藏

長河頌
一九七一年十月

◎　江南塞北天边雁　1982年　142.5cm×118.3cm　关山月美术馆藏

◎ 秋溪放筏 1983年 117cm×81.6cm 关山月美术馆藏

◎　九十年代第一春　1990年　174cm×292cm　关山月美术馆藏

九十年代第一瀑

◎　三友图　1992年　151.5cm×332cm　私人藏

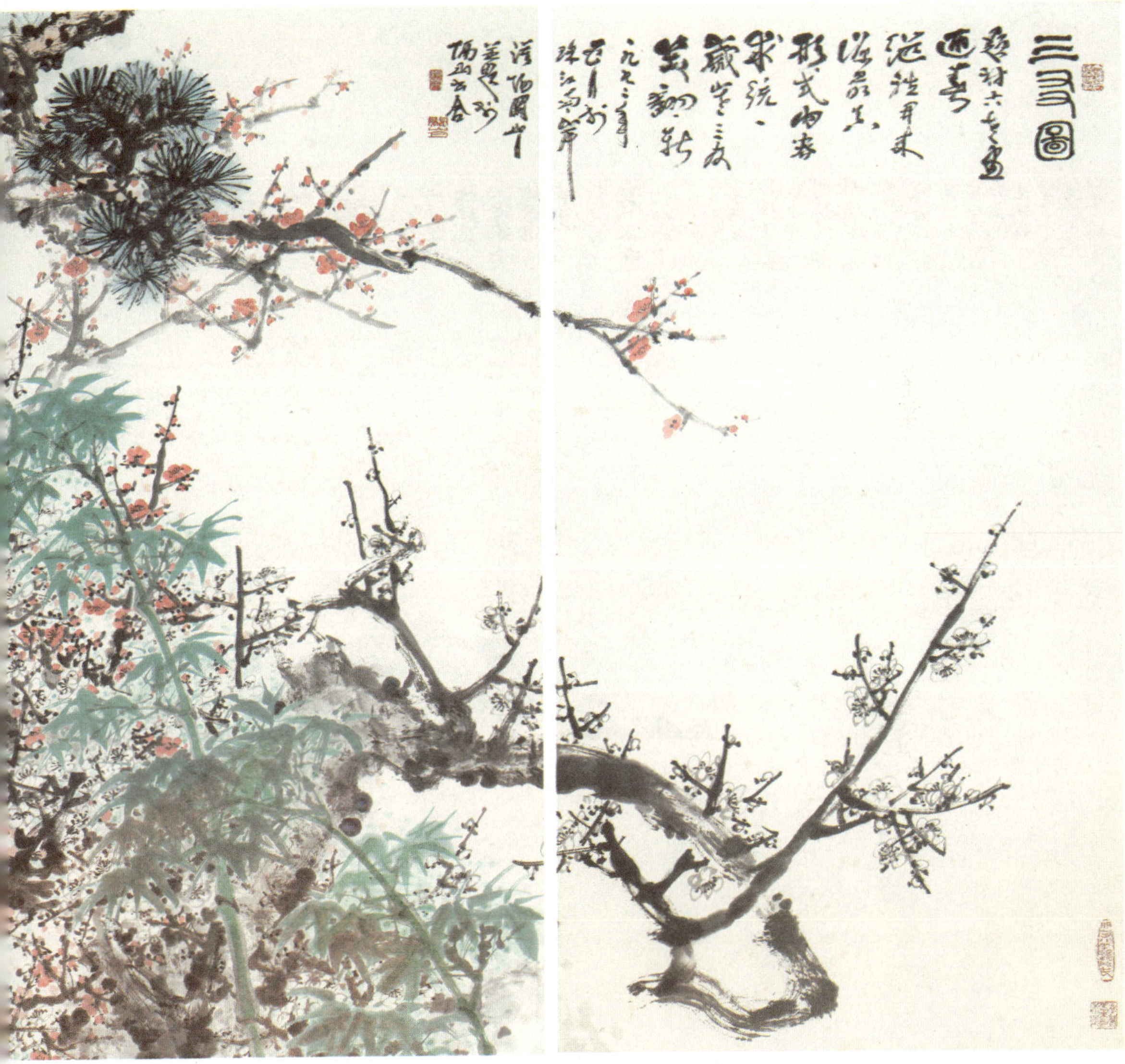
三友圖

◎ 云龙卧海疆（局部） 1992年 69.5cm×734.5cm 关山月美术馆藏

◎　古榕翠竹山水情　1993年　151cm×249cm　私人藏

古榕翠竹水鄉情

◎　轻舟已过万重山　1994年　142cm×365cm　中南海紫光阁藏

◎ 黄河魂 1995年 425cm×142cm 全国政协礼堂藏

◎ 香港回归梅报春 1997年 137cm×89cm 关山月美术馆藏

◎　江峡图　1999年　178cm×122cm

◎　尼亚加拉大瀑布　1998年　132cm×364.5cm　私人藏

◎　乡土情　1999年　95cm×181cm　私人藏

鄉土情

Ⅱ 文萃

敦煌壁画的作风
——和我的一点感想

敦煌千佛洞之壁画，为佛教艺术之宫；有人名之为一本至有系统的中国古代美术史。盖自六朝而至宋元五代，均有作品而具有各代独特的作风。其艺术之精美，为后人所莫及，近年来前往观摩者日众，并有不少临本陈展于各地，论著者亦属不少，因此敦煌艺术，已引起了普遍性的重视。以一个研究绘画者的立场，更有研讨的必要。在今年春间，我幸不为艰苦所屈，竟达到了观摩的机缘，殊感欣幸！《风土什志》嘱写文稿，因从各代艺术不同的作风而略述我个人的观感。

一、魏代壁画的作风

各代艺术作风的不同，均与其社会背景有关。魏为北方之鲜卑族，继晋末纷扰于世，人民感受痛苦厌乱的思想，故其对绘画的内容和色调都有特殊的表现。如二百四十八洞的《释迦舍身饲虎图》，是描写释迦悲惨的事迹。画面的悲惨、紧张、恐怖，完全在各种动作神态上面表现出来；更加以一种冷色的渲染，和构图的精密，实为一幅世界名画。它的内容是画着几个不同姿势的老虎，正在张牙伸爪吞食人群，释迦为着脱救群众而牺牲自己。老虎系用黑色没骨画出来，看不出浓淡和斑纹，但瞪着碧绿色的眼睛，张开血盆般的大口，露出锯形而发亮的牙，与那四条有力量的腿，望之令人色变。这几个老虎，正在残酷地分食释迦，其他群众，伤的伤，死的死，奔的奔，仆的仆，几十个人拥在一个画面，各有各的面孔表情，各有各的不同姿态，其线条粗豪而不失其准确的轮廓，用色单纯而不患单调。又如《魔王波旬攻佛图》，粗细线条兼用，不需要线条的地方，索性用没骨的涂抹，画面仅用红绿两种原色，间以赭墨红或灰黑的复色，特别觉得它古朴而单纯，也算是一幅佳构。八十三洞为魏画最繁复而精优者，也绘有《释迦舍身图》，内容和构图与前者不一样，虽较为繁复，可是不及前画之精美。二百四十三洞左壁绘有骑象、马、虎、龙、鹤、孔雀、牛等佛像，后壁故事图里绘有骑鹿、骑马、乘车等情形，所绘之或龙或马或鹿……都含有一种装饰的趣味，充分表现其活泼生动，完全用着没骨或飞白的写法，飞白的背景涂以复色，画面非常之谐和而古厚。这种作风虽已图案化了，但仍不失其艺术本身的价值。二百四十九洞壁后所绘小佛，大小不过五寸，姿态都是一样，其颜色或红或青或绿各不一样，侧重于装饰的趣味。每个小佛只用着寥寥数笔画出头部的大要轮廓，服装、佛光和龛形的衬托，都是抹上青红绿或黑的原色，特别感到尊严而有趣。壁下端绘有力士和乐人像，同样用着有笔触的涂抹方法，人体的比例很是准确，而且动作非常生动。说法图绘着的飞天，飞舞的情状不一，只飘带上用着几根灵活的线条，和带上飘舞的变化，令人一看便有飞舞缥缈的感觉。大概魏洞的内容，多饰以小千佛，间有一佛二菩萨或佛传故事，其左右二壁下部多绘小型供养人像或乐人。天花藻井则多饰以故事画或飞天，用笔有粗有细或没骨，但绝对生动夸张，和充分表现它的装饰的趣味。画面的用色浓厚如油画，大概以土红、青、绿、黑、白等色为主。从颜色的单纯，可以感到它的雄健沉毅而古朴。其造型格式，因直接间接感受印度波斯以及罗马希腊的繁杂影响，逐形成所谓“犍陀罗”式。大体看来，许多地方又与野兽派之马蒂斯、比卡索的作风极接近。北魏的佛像，大都是长眼高鼻，用笔设色明快而豪放，更具有几何形的图案，尤富于波斯作风。至其整个艺术的作风倾向，则系以东方趣味的结构，混以西方写实的技巧，互相混合，而形成另一种风格。此为中国初期的佛教艺术，其内容与形式，充分表现东西文化交流的特征。

二、唐代壁画的作风

到了唐代，文化更是发达。外来的文化既经尽量吸收而至于融合，继而充分表现东方独具的性格和它的精神。唐洞的壁画，不像魏代之趋向西方的形式，“犍陀罗”的痕迹很少。在人体方面，已全备东方民族的体格，身短而圆而胖，不像魏画之鼻高眼长脸瘦而尖。其用色亦由浓厚的渲染，单纯的色调而变成轻快的线条和富丽的色彩；至于结构，亦由简要而变成紧严和繁复。一百二十八洞为初唐之作，左壁后半绘有汉武帝通西域的故事，画面上的人物，只衣服上有几条主要的线条，其余多半是用没骨的作法，富有漫画和图案两种风味，此作和魏画有些相近。一百三十二洞神龛之旁绘有骑像，及天花板上之飞龙，全用红、蓝、黑几种原色简笔抹成，精神活跃，却为工笔所莫及，此画更类魏作，也许因初唐与魏代较为接近的缘故罢。二百六十八洞之《地狱故事图》及《阿弥陀经变图》，画面之繁复，为魏画所未有，洞侧另有两幅绘有小驴几头，颜色变化不一，也是简笔抹成；腊毛尾巴却画上几条流利的笔线，马鞍和镫子的线条，有粗有钝，人物衣褶和飘带的线条，流走而飞动；在画面上看来并不感觉到不统一，不调和，反而觉得有变化，有趣味。从这幅画上面，可以看出古人对于表现一件不同性质的物象的认真：假定用着同一的笔法表现不同性质的木头、衣服、羽毛几样东西，这可说是一种疏忽，但近代多数画家偏偏犯了这种毛病。三百洞为晚唐之作，画工细腻，富丽已极，有经变图十二幅，画面描绘之舞姿多种，向的，背的，俯的，仰的，其手脚舞蹈之动作，好像和音乐一致而有节奏，有拍子，画面的生动，不禁引人入胜，如四十洞之《报恩经变相图》，七十五洞之《维摩变相图》，三百洞之《宋国河合郡夫人宋氏出行图》等，均极形繁杂，其线条之流畅，用色之富丽，为魏画所未有。又如一百六十八洞之天花图案，二百七十三洞之藻井荷花变形装饰，二百七十二洞藻井装饰之大圆网状的植物变形图案，各画形式的组织，均有独特之处，其结构之精密，用色之辉煌灿烂，可说集图案画之大观。魏画对山水没有独立的制作，偶在故事画上有些简单而富有图案式的背景。唐洞七十五号后壁却绘有五台山全景一图，及二百九十二洞经变图有山水作背景，均有唐代青绿山水之风，但仍脱不了图案化的形式，绝对不像宋元以后的山水画那么深厚幽美，更谈不到什么诗意，什么气韵，什么皴法，什么笔墨。由此，可以知道唐以前是侧重人物画，山水画却还是萌芽时期。

三、五代宋元画之作风

五代因为政治紊乱，文化艺术仅延续盛唐的余波，所以没有特殊的创造。宋为理学所拘，思想沉静，故其画面喜用冷色，青绿两色用得最多，每有沉闷之感。同时它的构图松懈，内容空泛，既没有魏画的古朴豪放，又没有唐画的富丽细致，可取的地方，委实如凤毛麟角。宋画之粗劣，却与佛教衰落有关。在宋洞里往往打出下层有魏唐之画，颜色和笔线非常鲜明，可惜都被当时有意地破坏。把前人的工作毁坏而建立自己的功勋，这是不道德的行为，竟表现在佛教思想上，却为后人想不到的一回事。至元朝因历史过短，简直没有作品表现，无从例举言之。

四、莫高窟壁画观摩后的感想

各代绘画作风之所以有异，盖因时代的背景不同，遗留下来这些不同作风的各代艺术作品，可以称为一本极有系统的中国美术史，这珍贵的古代美术史，对近代的艺术，无疑的有很大的影响和贡献。敦煌艺术自从传播到欧洲之后，不仅是引起一般学者的重视，甚至各大学也设有敦煌艺术学的一科。中国当局虽然不像欧洲各大学设科、研究院的那么铺张，但私人追求研讨的人却并不少。许多研究历史、文学和绘画的学术人员前往观摩者接踵而去，关于敦煌艺术的论文著述和临摹的展览，因之亦一天比一天地增多，这样一来，此后一般人对敦煌艺术的认识，自然会比较更普遍或更深刻的了。我自从看过敦煌壁画之后，对于绘画的自身工作起了更大的信念。中国绘画，自文人画复兴以后，绘画几乎成了一般文人的游戏玩意。苏东坡曾说："论画以形似，见与儿童邻。"倪云林又说："写胸中逸气耳！"这种理论，许多初学的人蒙其毒害，实为不浅。后来文学家作同样的高言妙论者日渐增多，文人画风因而日盛，自命风雅的人，谁都可以仿效，画上几笔梅、兰、菊、竹，或平远山水，并题几句半通不通的诗，什么泼墨，什么写意，尽情夸张他的奥妙，从此中国绘画便渐渐走上了牛角尖，把内容与范畴愈缩愈小，脱离人群和社会愈加骛远，竟形成了所谓超现实的境界。这样一直经过了几百年而至今天，便趋于一种衰落的现象。这种根深蒂固的传统性，已牢不可破，甚至成了一种中国绘画的定型。有人说过以花比喻美人，是一个绝顶聪明的发现者，假若跟着人不断地把这个比喻来应用，那简直是头号的傻瓜。文人画固然在中国艺术中占着极重要的位置，尤其是含有一种文学或哲学的意味在里头，其贡献之大，当然不能一笔勾销；可是到了几百年以后的今天，仍然依样葫芦关着门来画那一套，既未读万卷书，又未走万里路，结果，充其量弄成似是而非一类的作品，只好拿着玄妙两个字来煽惑观众，既以自欺，又要欺人，诚堪浩叹！凡是文艺作品，不论诗文歌赋绘画，同样需要有时代性和充实的内容，没有这两个条件，而单是技巧的美妙，便成了没有生命的作品。中国文化，自从五四运动以后，各个部门，都察觉这个病源，便高声疾呼要根据社会人生做背景，要抓着现实为中心，至绘画方面，自然也不能例外。民国初年，高氏昆仲早已看准了他们自己的使命，一直摇旗呐喊了三十年，渐渐博得一般人的同情协助和鼓励，便奠定了一个很稳固的基础。年来以西画技巧渗入国画境界者日众，从事创作者日多，并不断地有许多成绩表现出来，这当然是一个很好的现象。艺术本来没有国域，可是许多顽固的人们定要把中国绘画和欧西绘画划分一条很清楚的界线，甚至对于含有创作性的作品加以恶意的批评。这种见解，等于中国旧式房子不许装电灯一样的可笑。关于这些问题，用不着加以论辩，回顾千多年以前的壁画，就可以给我们一个很宝贵的答案：中国画面渗有西画的技巧，一千多年以前的古人早已在干着，我们在今天这样做，不过是一种还原罢了。

（原载《风土什志》1945年第1卷第5期）

我与国画

刚刚为广州美院校庆写了一篇纪念文章，题目叫做《教学相长辟新途——为建立中国画教学的新体系而写》，回顾了过去十七年在中国画教学上的一些问题。有同志看了，鼓励我再写一篇有关我的国画创作的文章。一九八〇年，中国美术家协会在北京为我举办了一个个人的回顾画展，展出包括三十年代末至八十年代初半个世纪以来的作品。我也打算藉此总结一下过去，更想通过回顾画展听到各种有益的意见。正好《文艺研究》编辑部又来人约我写一篇有关这方面内容的文章，我便趁热打铁地继《教学相长辟新途》之后，接着写了这篇，题目叫做《我与国画》。

我从事中国画创作，道路比较迂回曲折，经历也是坎坷不平的。其间有经验也有教训，还有些方面，尚待继续实践来检验它的成败。但不管如何，我都尽可能把它们记下来。

一、不动就没有画

我从童年开始就喜爱涂鸦。虽然我生长在穷乡僻壤的农村，生活很苦，但我不懂得什么是苦。我热爱周围的景物，山水林泉，瓜菜花果，猪牛猫狗；我喜好捉虫捕鸟，捞鱼摸虾，喂鸡赶鸭和放纸鹞；我喜欢边玩边画，拾起碎瓦片，捡来木炭柴就在晒谷场的地上画起来。我读小学时，曾经花过许多时间全部画了中国的分省地图。有一次借来了一本《芥子园画谱》，我瞒着父亲偷偷地将它全部临摹了下来。我父亲是一位小学教师，他会画几笔梅兰菊竹，但不准我学画画，责备我画画荒废了读书的时光，将来没有出息，所以我只好偷偷地画我喜欢的东西，有时也的确耽误了诗书课业，只顾忘餐废寝偷偷画。这时，我私下却得到极大的满足。

抗日战争初期，我在中学念书，在学校参加了抗日宣传工作，开始用我的画笔宣传抗战。我曾在一幅很大的竹布上画了一张《来一个杀一个》的漫画挂在家乡阳江县城的大街上。一九三八年我在广州随高剑父先生学画，因广州受日机空袭威胁便跟高老师到四会去画画。广州陷入铁蹄后，我们也分散了。我背着一袋炒米过了两个多月的流浪生活，终于逃难到了澳门又找到了高老师，此后跟着他在澳门一间寺院里住了两年。这两年中我画了数十幅有关抗战题材的中国画，其中有《三灶岛外所见》、《渔民之劫》（四联屏）、《艇娃》等画，曾于一九三九年参加过莫斯科的中国画展览，另外还有《游击队之家》、《中山难民》、《从城市撤退》（长卷）和《拾薪》等。一九三九年底我先后在澳门、香港、广州湾举行过抗战画展。一九四〇年初我离开澳门经香港沙鱼涌偷渡日敌封锁线辗转回到韶关，又先后去桂林、贵阳、昆明、重庆、成都等地举行了抗战画展。当时，我这样画，到处展，完全出自“国家兴亡，匹夫有责”之心，自愧不能拿枪上阵，就只好以画笔作武器，参加到抗敌救国的行列中来。

本来，我离开澳门是下了决心回来参加抗战的，当时的具体想法是希望能跟随抗战部队到前线去写生，继续画我的抗战画。而到了韶关一看，蒋介石消极抗日，火药味淡薄之极，我这个愿望也落空了。但千里之行既已始于足下，就立志行万里路。我第一站到了桂林，就给桂林山水吸引住了，我就画了一个十多米长的《漓江百里图》手卷。后来又到了贵州、云南、四川、西康等省，先后画了《峨眉烟雪》《黄果树瀑布》《岷江之秋》《嘉陵江码头》《老石匠》《今日之教授》《都江堰》《自贡盐井》等画。当时，有位诗友为我写过这样一首诗：“客棹经春未拟还，似闻橐画向韶关，独开抗战真能事，暮雨何时写蜀山。”①事实上，我真的仅能力行最后一句了。接着，我又去西北，经河西走廊，出嘉峪关，入祁连山而探胜到敦煌。像我这样一个南方人，从来未

---

① 郑春霆：《关山月》，见“再造社”刊物。按：我不是“再造社”中人。

见过塞外风光，大戈壁啦，雪山啦，冰河啦，骆驼队与马群啦，一望无际的草原，平沙无垠的荒漠，都使我觉得如入仙境。这些景物，古画看不见，时人画得很少，我是非把这些丰富多彩的素材如饥似渴地搜集，分秒必争地整理——把草图构思，为创作准备不可的。这是使我一生受用不尽的绘画艺术财富，也是使我进一步坚信生活是创作的泉源的宝贵实践，用我当时的话来总结就是：动是画因，不动就没有画。此行最后好不容易到了敦煌千佛洞，它更是名不虚传的艺术宝库。这座多彩多姿的佛教艺术之宫，显示出我们祖国历史文化之悠久，绘事成就之惊人，也体现出中华民族的伟大气魄、智慧、毅力和创造精神，看了不由我不惊叹，也不由我不夜以继日地描摹。此行，我创作了《冰河饮马》《牧民迁徙图》《黄河冰桥》《塞外驼铃》《祁连放牧图》等画，并临摹了七十余幅敦煌壁画。这时，我更深刻体会到“行万里路”的重大意义。当时，交通十分困难，有时边走边饿饭，在千辛万苦的跋涉中免不了会遇着各种各样的险情，但我热爱我的旅途生活，在漫长艰苦的历程中，意在“搜尽奇峰打草稿”，把祖国的锦绣河山都收入我的眼底，装进我的胸中，描绘在我的笔下。我有一联诗句曾经这般纪行和抒怀：尺图每自胸中出，万里都经脚底行。

记得当初（一九四〇年）我决定离澳门入内地而辞别高剑父老师的时候，他老人家很不高兴。他不愿我“出山”，担心我吃不了苦，恐怕我为追名逐利而改了行，念了“在山泉水清，出山泉水浊”两句古诗给我作临别赠言。我此后也一直以此自戒，所以，我把画室命名为“鉴泉居”。

在战乱的年月里，要行万里路，要到人生路不熟的大后方，这种毫无把握的“出山”，对我确是极大的考验。那些年月我怎样跑了七八个省？怎样一步步踏向自己退而思其次的目标——“行脚有心师造化，手头无处不江山”？当日靠的只有一条，就是自力更生，以画养画；也就是有十块钱就走十块钱的路，有多点路费就走远一点路程，全程都是“以画养画”。但这样在当时绝不容易。要养画就要卖画，要卖画就要展览，要开展览会就要花本钱，作品要装裱，会场要租金，还要招待协助展览的有关人员吃饭。如果画卖不掉，就要贴老本。有一次在成都，画展还未结束，就逼我交会场的租金。当时有钱买画的是些什么人呢？绝大多数是地主、资本家，或发了国难财的暴发户。他们根本不懂得什么是艺术，只因有了钱，就要炫耀自己也有文化，才附庸风雅一番买幅画挂在厅堂里装装门面。但当时能卖钱的画并不多，抗战画我不卖他们也不买，画名山大川、劳苦大众、少数民族的作品，因花费了心血，倾注了感情，纵使有人要买，由于我把它们看作亲生儿女，怎么也不愿出卖。在我近年来举办的回顾展中，有不少就是这些作品，它们都是旧日我的展场上的“非卖品”，才留得到今天。记得一九四四年我在重庆举行西北纪游画展时，一位驻重庆的美国新闻处处长看中了我那批敦煌壁画临品，他通过国民党中央通讯社的关系表示要买下，并声明不管要价多少都愿意付出，但我坚决回绝了：“这些是非卖品，出多少美金也不能卖。”这批画至今幸而保存下来。为了解决实际问题，我就试画一幅玫瑰花展览出去，藉以适应那些买主的口胃。没想到这画一挂出来，就引起了他们的兴趣，几天内预订重画这张画的竟达二十多起。这样，一下子虽然马上解救了我当时的窘境，但是我却为此吃尽不是滋味的苦头——画展一结束，在一段时间内我就得像印刷机一样天天临摹自己的玫瑰花，这分明不是我乐意干的，我倒胃了：何必为几个钱出卖自己的灵魂呢？当时我曾发过誓，今后再也不画玫瑰。

二、没有良师益友就没有我

当我回忆起这些，连我自己也自问，当年万里行的勇气和决心从哪里来？有人读过我那两句诗——“曾忧泉水出山浊，砥砺终生幸自持”，也问我未负师望的原因何在？对这些问题，我总是一下子讲不清。约略地讲，我出生在革命发源地广东，又受过五四运动的洗礼，在学生时代还参加过宣传抗战活动，也读过鲁迅先生的著作和邹韬奋先生主编的《生活》杂志等进步书刊。这些精神食粮哺育着我追求进步的愿望和爱国主义的思想，从而产生不满现实的情绪，对当时画坛的现状尤其不以为然。我从小虽也受过父亲“书香传世代”的影响，较多和较早地接触到传统文化，读古文，念诗词，看国画……但总和自己当时要求进步的生活理想和艺术思想抵触很大。我的兴趣在绘画，所以当我第一次见到岭南画派充满革新精神的作品时，耳目为之一新，马上便产生一种仰慕之情；特别是对高剑父先生的创新之作，无限敬佩。在当时他这位“革命画师”①的革命精神感召之下，我得到了启发，找到了方向，曾自发地作过不少盲目的探索和尝试。又当我一旦受到他的青睐而且被免费收为徒弟时，我只觉得这是我毕生最大的安慰，也是最大的幸福！我无法抑制自己心情的激动，只有无条件地拥护他所提倡的革新中国画的主张，并把它作为自己坚定的信念而孜孜不倦地步趋实践。再当我离开高师而投身万里之行的途程，这个坚定的信念始终牢牢地维系着我，鼓舞着我。俗话说，在家靠父母，出外靠朋友。我离开了老师，等于离开了父母，处在旧时代，初出茅庐，艰难可以想象。没想到的是，我的抗战画展竟受到观众格外的欢迎。但这并不是说，我的艺术怎样高明，之所以得人心是所画出自抗战。因此我每每在画展时认识许多朋友，到处都意外地得到一些新交的鼓励与支持，特别是各地的进步文化人，他们都成了我的依靠力量和可靠后盾，我气馁时他们给我打气，有困难时他们扶我一把。每次画展，我都听取到各种不同的意见，其中绝大部分都是表扬和赞许我的。对于这些，我一直像荀子所云那样来对待：“非我而当者，吾师也；是我而当者，吾友也；谄谀我者，吾贼也。”回想起来，如果不是有这些新交故知、良师益友的指点和扶掖，在当时要行万里路是不可能的。

我的抗战画第一次在澳门展出，叶浅予、张光宇从香港来看，还邀请我到香港举行展览会。叶浅予在《今日中国》（*China Today*）用两个版面发表我的抗战画，张光宇则在《星岛日报》为我出版了抗战画展专刊，香港《大公报》也为画展出版了专刊，还有不少进步作家为我的画展写了评介文章。当抗战画展在桂林举行的时候，夏衍同志在《救亡日报》为画展出版了特刊，但也竟有人写匿名信责怪夏衍对我的支持。为此，夏衍同志又曾为我写了一篇说公道话的文章，后来这篇文章还编入了他的杂文集。一九四四年，我的西北纪游画展在重庆举行，郭沫若

① 李金发、陈树人语。

同志专程来看了展览，对我的创作道路作了充分的肯定，并将他的评论，写成长篇跋语，吟成六首七绝，分别题在《塞外驼铃》和《蒙民牧居》两幅展品上。一九四八年我出版《关山月纪游画集（第一辑）·西南、西北旅行写生选》《关山月纪游画集（第二辑）·南洋旅行写生选》时，徐悲鸿为画集亲撰并手书序文，对我的写生之作给予了较高的评价。抗战期间，在我所走过的许多地方，其中在桂林、重庆、成都三个地方举行展览的次数较多，我都举行了抗战画展或写生画，尤其在成都，我长住了三四年，举行画展达五六次之多。和“以文会友”一样，我是“以画会友”，在展览会上结识许多进步的文艺家，他们都鼓舞我再接再厉勇往直前，是鞭策我“砥砺终生幸自持”的重要力量。

在我赶脚的行程中，举行画展的过程中，还经常碰到不少实际困难。就说在澳门举行的第一次画展吧——真可谓万事起头难。我留居澳门时期是很狼狈的，常常要饿饭，要不是高老师资助，我是无法继续学画的。除了膳费之外，画画的开销也很大，两年积累下来一些作品，确是来之不易。为了清还欠债，为了筹划入内地的川资，便下决心开个画展，但开画展首先得花本钱，因为作品不装裱是无法陈列展出的。正在为此发愁时，就得到寺院里的慧因和尚慷慨的支持，他全部替我解决了展品的装裱问题。否则，所谓“万里之行”，确难“始于足下”。这位慈悲的大师，不幸前几年去世了，我以还未曾报答他的恩德而内疚。上段说过的在成都碰到的我被逼收展场租金的事，的确令人气愤。正巧这次画展的第一天，张大千先生第一个到展场来看我的画，一见面他就问我，哪张画定价最高？他要买，并立刻吩咐同来的人替他交了现款。我记得那是一张峨眉山写生画，价钱多少我忘记了，大约足够我数月的开支。当时自这画挂上张大千的红纸订条之后，许多不懂画的买主也纷纷争购我的作品。我正当流落异乡，像行脚僧一样靠自己的手脚来养活自己的艺术，而且正处在被逼债的窘境，大千先生于此时伸出援手真叫我感激涕零！他是当地一个知名大画家，也是长辈，如此提掖后进，我至今还感铭不尽。一九八三年新春美国休斯敦贝勒医学院林文杰教授来广州，他说去香港后将到台湾看望张大千先生，我在他面前提起过这件往事并托他带一个荣宝斋印制我画的梅花贺年卡给张大千先生，上面还写了“祝艺术长青”几个字。未想到只隔了不到一百天，大千先生就与世长辞了。我写了悼诗一首——“夙结敦煌缘，新图[①]两地牵。寿芝天妒美，隔岸哭张爰”——聊寄哀思于万一。大约一九四二年，陈之佛在重庆国立艺专当校长，他通过陈树人师伯动员我到艺专当教授。这之前，我在重庆举行展览时认识了赵望云，一见如故，一拍即合，约好了到西北去写生。于是，我便把教授的聘书退了。带着不久前刻好的一块“岭南布衣”的图章，以示矢志画艺，与赵望云一道，继续行我的万里路。赵望云是一位旅行写生很有经验和成就的专家，曾在天津《大公报》长期发表农村写生画，还由冯玉祥配上诗歌见报。从一九四三年夏至四五年春，我与赵望云在大西北走了一年多。由于我俩都有“行万里路”的志愿，互投志趣，互作鼓励，互相切磋，互为师友。他的真挚画友情谊，给我的帮助也很大。先是，若受聘艺专，为人之师只能是支出，囿于见闻，收获不会很大，而赵我相约，开拓大西北的天地，所扩展的胸襟与眼界，又岂可与当教授同日而语？一个人的事业成就，良师益友的关切固然起作用，夫妻伴侣的相助也很有关系。我妻子对我的艺术事业不但没有拖后腿，而且可以说，她对我的匡助是无微不至的。如果我的艺术有什么成就，应该有她一半功劳。就说万里之行吧，她一直伴随着我，处处无所不在，无论怎样困厄，从未听她叫过半句苦，反而给我安慰和鼓励，并千方百计替我解决困难。这是因为我们有着共同的奋斗目标，她把我的事业也看作是她自己的事业，因而艺术观点一致，甘苦沫泪相濡。想当年我俩相偕旅次西北，骑着骆驼或骡马驱驰于河西走廊之间，渴则啃瓜代水，饿则嚼锅盔充饥，有时还受饥寒交迫，生活条件十分艰苦。及至辗转到了敦煌，天天往佛洞里钻，如果没有她在旁打灯照明，在洞里当日阴暗的光线下根本无法开展工作，更休论我的七十余幅临品能一气摹成了。

在我以往寻找立锥之地的颠沛流离的岁月中，扶助于我、有德于我的同行或非同行的前辈或朋友还很多。当我写这段文字的时候，我还特

① 一九八三年初，由林文杰教授自绘春兰，并在香港请赵少昂，到台湾请张大千，回广州邀我共同合作成画。张大千先生画的是寿石灵芝。

别记起当日来看我的画展的过往货车司机，他们多是广东同乡，往往靠了他们的热情帮助，我才得到从旅程的这站走向那站的方便，他们都是不留名字的良师益友。所有这些知名和无名的良师益友，我都从心底感谢他们，并学习他们做人的美德。

日寇投降后，我这个流浪汉的万里行告一段落。一九四六年，我从四川回到光复后的广州。一九四七年，高剑父老师被任命为广州市立艺专校长，我奉师命参加了学校的教学工作，名义是教授兼中国画科主任。这才是我第一次从事美术教学工作，自然感到很不习惯，不时还留恋那些旅行写生的流浪生涯——“真山好水心头动，乐地欢天苦里寻”“会情遇境狂图写，流水行云浪踏歌”——我好像已无法离开那种“苦味无穷，乐在其中”的生活，我已把我的诗句凝成了这八个字，并且曾把这八个字铭刻在石印上。终于，到一九四八年，我又到东南亚各地走了半年，把在国内多年来的写生作品带到南洋去展览，又画些南洋的风土人物带回来祖国各地展出，互相交流。我是这样想，也这样做了。此行第一站是乘飞机到暹罗曼谷，然后坐火车经槟榔屿，过吉隆坡达新加坡，半年来走了不少地方，总觉得南洋风光与塞外景色大不一样，印象非常新鲜。我最喜欢湄南河的水上市集，坐在芭蕾舞鞋般的木舟上游弋于市集上，晨风吹送阵阵的花香，入眼尽是丰硕多彩的亚热带瓜果，当地土人艳丽多姿的服饰，海岛风尚，异国情调，实在十分吸引人。我也喜欢暹北清迈的林区，那里有成群结队运木材的大象；槟榔屿海岸边上的椰林，特别是椰林下的夜市；还有当时的东南亚最大的植园……沿途我画了不少速写，回来后创作了一批南洋风光画，这批画曾先后在广州、香港、上海、南京展出过，并在上海出版了《关山月纪游画集（第一辑）·西南、西北旅行写生选》和《关山月纪游画集（第二辑）·南洋旅行写生选》，高剑父老师还亲为这两本画集的封面题了字。

三、从流浪汉到螺丝钉

我曾经天真地想过，抗战胜利了，一切都会好起来，谁知国民党反动派每况愈下，越来越不像话。接收人员不管人民大众的死活，只顾大发“劫收”财。胜利后，我到过许多被光复的大城市，都是满目疮痍的一派破败景象。我看见日军留下的骨瘦如柴的战马，接收后因没有油水，无人看管而满街乱窜，我因此画过一张揭露性的漫画。这些昔日饱受日寇蹂躏的城市，接收到国民党手里同样一塌糊涂，人民仍然处在水深火热之中。乞丐满街，饿殍遍野；美国在我们的街道上办起了所谓“平价膳堂”，我们的同胞排着长龙到膳堂买粥吃，不少人就晕倒在长龙队里，我也曾画过这样题材的画。我是一个画家，对于现实的悲惨和幻想的破灭，不能漫不经心，漠不关心。我在市立艺专当教授得来的工资，是“金圆券”，天天贬值，一天贬值几次，最后贬值到买不到任何东西。于是我参加了反饥饿、反迫害、反内战运动，“向炮口要饭吃”。我参加过抬尸游行，曾到中山大学慰问过受迫害的学生和教授。这时，中国人民解放战争的大好形势发展得很快，我们开始天天关心着解放军的胜利消息，当大军渡过长江天险，我们暗地兴高采烈，切盼着广州早日得到解放。有一天，使我吃惊的是，我忽然接到一封匿名的恐吓信——信上画着一支手枪和几颗子弹。我看势头不对，就悄悄地出走到了香港。在香港，我仍然没有放下画笔，这时画的既不是塞北风光，也不是南洋情调，我尝试着在报纸上发表一些香港平民的生活速写或不满现实的漫画，和在《大公报》上连续登载我绘制的黄谷柳《虾球传》的连环图。在香港，我开始接触革命文艺理论著作，得到启蒙，同时开始萌生投身于革命文艺队伍的自觉。我试画的那些普及作品，多少反映了自己当时艺术思想正在起着新变化。

一九四九年初，北京正在筹备召开全国第一次文代会。南方美术界的代表有李铁夫和我两人，但当时由于交通阻断，我们未能出席参加。不几天广州也解放了，在香港的许多进步美术工作者为迎接广州解放，就在九龙文协楼上集体绘制了毛主席的巨幅画像。画像甫成，港九线也恢复通车，我参加第一批回穗的文艺界队伍，回到广州。我们把巨幅毛主席画像高悬爱群大厦正面，从顶层直垂到楼下，十分壮观夺目。此际人人心情澎湃，笑逐颜开，都为第一次做了国家的主人翁而自豪。

是的，中国人民解放了，我也得到了解放。我再不是一个卖画的流浪汉，再不是一个生活毫无保障、政治毫无地位的穷画人。从此我们有自己的国家，有人民的政府，更重要的是有伟大、光荣、正确的中国共产党的坚强领导。中国人民站起来了，我们的文艺事业，我个人的绘画生涯，从此也换了新天。

细读毛主席《在延安文艺座谈会上的讲话》，第一次明白革命文艺工作者是革命机器的螺丝钉的道理。毛泽东的文艺方向、文艺思想，使我觉得很光辉，很新鲜。有了毛主席提出的革命文艺方针作为行动的指南，创作的方向，今后的艺术实践就有了明确的目标。这使我顿时如鱼得水，如鸟归林，深深感到自己能成为一个革命的文艺工作者有多么自豪，多么幸福，其意义有多么重大！虽然这些都仅仅是理论上的认识，但由于我在旧的时代经过长期的折腾和磨难，而今通过今昔对照，新旧相比，就不能不使我相信共产党，相信毛主席，听党和主席的话，沿着新路走向新的生活！

解放前，我曾经把艺术看作自己的生命，除非病倒，从来不愿放下自己的画笔，所谓“执着半生人笑我，商量终日水亲山”，这是过去的自我写照。但解放后，为了真正从螺丝钉做起，也为了诚心诚意执行共产党的知识分子政策，当党和人民政府号召文艺工作者到农村去参加土地改革的时候，我也毫不迟疑地坚决投入了这场空前伟大的运动。毛泽东同志勉励革命的文艺家要在改造客观世界的同时改造主观世界——为此，我放下了画笔达三年之久，甚至暂时和艺术绝了缘，希望能全心全意地投入土改斗争，以期认真改造自己的旧世界观，包括旧艺术观。我认识到，投身到火热的斗争中而不这样做，将与人民群众格格不入，将难解决文艺为人民服务这个带根本性的方向问题。

土改结束，我随中南美专迁校到了武汉，参加了学校的行政领导工作，还兼任了附设中学的校长。这时，我才考虑到自己的业务荒疏问题，生怕久而久之改了行，于是向组织提出自己想同时担任中国画课（那时“中国画”叫“彩墨画”）的教职。因为我这样估计，只有参加教学实践，才能经常有机会和同学们一起上山下乡，才能改造思想，深入生活，课余搞些习作。真的，像我这样在旧社会泡大的知识分子，单是从来不参加体力劳动这一点，已经弄成五谷不分四体不勤。在土改运动中我就深有体会，到生活斗争中去有极大的收获，和工农劳苦大众接触越多，共同语言也越多，才会想他们之所想，急他们之所急，才有可能反映他们的生活、思想和感情。在旧社会，我虽然也走过许多地方，接触了自然和社会，交往过各色人等，但基本上是为了画画和养画。现在，方向、目的和范围都大不相同了，我生活在祖国——母亲的怀抱里，我生活在群众——良师益友中，又在党组织的关怀照顾下，我觉得很温暖，很充实，很幸福，康庄大道一马平川，美好前景一片光明。因此，国家需要我干什么，我就干什么；共产党指向哪里，我就朝那方向。我就这样走了十七年党所指引的路。

这十七年，我曾在华南人民文艺学院当过总务主任。在三年土改运动中一直充任人民法庭副庭长。在美专，我参加了领导和教学工作。社会活动一向比较多，一九五五年我随团赴朝慰问中国人民志愿军；一九五六年出访过波兰；一九五九年为近百年中国画展览在国外举行，到法国、瑞士、比利时、荷兰跑了半年；由于我争取参加教学实践，和同学们一道下乡下厂实习总少不了我，曾先后到湖南醴陵，登南岳，入武钢，去河南信阳南湾水库工地劳动和写生；一九五七年随武汉高教系统参观团赴鄂北访问李大贵发动的山区水利建设，一九五八年到广东新会参加公社化运动；一九六〇年访问井冈山及江西苏区，同年与广州美院同学们参加湛江的堵海劳动；一九六一年和傅抱石一起访问东北三省，一九六二年到潮汕去，到南澳岛去，一九六四年去过山西大寨，度雁门关，登北岳恒山；一九六五年参加农村“四清”运动，直至“文化大革命”的浩劫来临。这十七年，对我们的国家来说，是要基本完成社会主义改造的七年加上开始全面建设社会主义的十年，在我个人身上，同样也反映成为改造旧思想、投身新建设的历史过程。其间尽管受过极“左”的路线和思潮的干扰和影响，但生活长河这重要的一段的主流却汹涌澎湃地冲刷和推动着我，使我这颗水珠跟随着大江东去，投进了大海的洪涛中。

“十年浩劫”一来，所谓“文化大革命”竟把中国的文化搞得荡然无存，把知识分子害得无一幸免。我入了“真牛栏”三年，进过“假干校”三载，这六年时光不但寸画未画，连性命也几乎呜呼哀哉。我从事艺术活动以来，只有这段时间真的被白白糟蹋掉。这真叫人痛心，并且痛定思痛——党和国家的命运，与人民画笔的运命，竟如此休戚与共，攸关存亡。

四、从生活到创作

人类的社会生活，人民的生活，是一切文学艺术取之不尽、用之不竭的唯一的源泉。新中国成立后，我满腔热情地，如饥似渴地投入生活，奔向源泉，这是接受和坚信毛主席的文艺思想的结果。它使我切身体会到，我过去的认识“动是画因，不动就没有画”是那么肤浅，那么不切腠理。动，应该像毛主席指出那样：“中国的革命的文学家艺术家，有出息的文学家艺术家，必须到群众中去，必须长期地无条件地全心全意地到工农兵群众中去，到火热的斗争中去，到唯一的最广大最丰富的源泉中去，观察、体验、研究、分析一切人，一切阶级，一切群众，一切生动的生活形式和斗争形式，一切文学和艺术的原始材料，然后才有可能进入创作过程。”[①]如果我们不是用形而上学的观点，不配戴极“左”的眼镜来看待这段话，那它对于绘画艺术来说，确是真知灼见，至理名言。因为它是马克思主义的认识论和反映论，也是革命的现实主义和革命的浪漫主义以及它们相结合的创作论。在旧社会，我是在流浪中作画，只有在新中国，在毛主席文艺思想的指引下，我才真正懂得从生活到创作的真理并付之实践，坚持到底。

“文化大革命”前，我主要是搞学校行政领导工作和兼中国画的教学工作，创作在当时仅是“业余”。我在一九五七年参观了鄂北山区水利建设回来之后，就按捺不住要反映这个有意义的新题材。因为素材太丰富，不易概括，只好采用长卷这一传统形式表现。我要画的是《山村跃进图》，长达十米以上，花了三个多月时间才画成。当时美术院校的极“左”思潮的表现之一，是批判教学人员兼搞点创作为“不务正业”。因此，我画《山村跃进图》，也不敢理直气壮，明目张胆地画，只能利用星期天，或每天晚上和午休时间来搞。这张画是在别人的闲言冷语中用自己的“三余”时间画成的。一九六〇年我和广州

---

① 毛泽东：《在延安文艺座谈会上的讲话》。

美院的国画系同学到湛江堵海工程工地劳动，回校后，师生合作了巨幅《向海洋宣战》（四张九尺宣纸的大联屏）。在六十年代前期，虽然在当时的极“左”思潮影响下搞“业余”创作是“名不正，言不顺”的，但我还是画了一些画。其中有些是完成国家分配的创作任务，如一九五九年在我出差欧洲的时候把我抽调回来与傅抱石为人民大会堂合作的《江山如此多娇》等，就画得比较心安理得，心情舒畅。到“文化大革命”后期的一九七一年七月，我被安排到广东省文艺创作室。这样安排，本来应该可以实现我的平生夙愿，有“创作”的正业可务了。但具有讽刺意味的是，这安排却有点像闻一多说的“带着镣铐跳舞”，甚而有如安徒生写的穿着皇帝的新衣出游。如一九七四、一九七六年叫我参加两次出访，先后访问越南和日本，事先都规定不准画画，不能带画具。平时，“四人帮”也给创作设置种种禁区和重重关卡，什么山水画不能画，花鸟画不得画，画树要画“社会主义的树”，画山不能画“江山如此多黑”，总之，用墨画的就是“黑画”。“黑画”帽子满天飞，动不动就扣就批，搞得人人自危，心心相悸。“四人帮”强调“主题先行”，实际是要创作为他们的反革命路线鸣锣开道，他们强调创作“三突出”，其实是要创作“帮四人”。在他们的虐政淫威之下，我只能画毛主席吟咏过的梅花，而且是红梅不是墨梅，枝条一律向上而不能“倒霉”朝下；他们不准画山水花鸟的“黑画”，我只得回避而画《绿色长城》的“绿画”。这类外表“回避”之作，骨子里我还是在坚持走毛主席的从生活到创作的道路，为创作《绿色长城》，我先后到过不少地方。一九七一、七二年我到了湛江地区的茂名和罗定，也曾到过家乡的闸坡和电白的博贺两个渔港。一九七三、七四年，又先后三次到过湛江地区的南海公社和南三岛，前后作了较深入的调查访问，经过与当地的群众和民兵同志“三同”，进行过长期的观察和体验。这幅《绿色长城》与《俏不争春》梅花一道，始终受到广大群众的肯定，这就大大增强了我的创作信心，使我坚定了在任何情况下都要走毛主席指引的从生活到创作的唯一正确的道路。一九七五年为创作《天山牧歌》，我又到了新疆，一直到了她西北角的伊犁，登上了终年积雪的天山之巅，此画现藏中国驻法国大使馆。同年还为联合国的中国馆创作了《报春图》。

一九七六年我接到为毛主席纪念堂创作革命史画的创作任务之后，又到革命根据地井冈山、遵义、娄山关、延安以及毛主席故乡韶山一共走了几个月，后来创作了《革命摇篮井冈山》和《井冈山颂》，后者藏广东省博物馆。为赞颂粉碎“四人帮”的历史性伟大胜利，我画了《松梅颂》，当年被全国多家出版社选印作年画。同年，我还创作了《雨后山更青》，以抒发我对“四人帮”垮台的欢庆、舒坦的情怀。“四人帮”被扫落历史的垃圾堆以后，我的创作热情比以往任何时候都高涨。回想起那些连牛栏、“干校”都差点无命住，或连画倒梅都“倒霉”的日子，我曾成诗一律，以慨老怀：“写竹不妨胸有竹，画梅何忌倒霉灾？为牢划地茧丝缚，展纸铺云天马来。丽日曈曈千户暖，和风习习百花开。严冬已尽春光好，意造乾坤放老怀。”一九七七年，为创作《春到南粤》，我漫游了粤北，重温了昔日千里之行始于足下，万里之行首途粤北的值得怀念的时光。此画是为北京人民大会堂广东厅画的。这一年，我还第三次上井冈山，并初访了庐山，创作了《红土壮新苗》。一九七八年复游青海、甘肃，重经河西走廊又访敦煌，并西出阳关；再溯流而上，顺流而下畅游长江三峡凡两来回。归作长达十八米的《江峡图卷》与《龙羊峡》一画，后者已藏中国美术馆。一九八〇、八一年的两个暑天，广东画院先后到鼎湖山和南湖创作，我也前后画了《险径探泉源》、《石上泉声带雨秋》（二联屏）等画。为庆祝我党建党六十周年，一九八一和八二年，我连续完成了《长河颂》《风雨千秋泰岳松》两巨幅创作。借两巨幅，亦志我“艺海征帆风鼓饱，喜凭马列指航程”的铭感之情。后一幅画，悬于广东省人民政府接待厅。一九八二年，我还为新加坡的中国银行大厅画成了《江南塞北天边雁》巨幅（高四米长四米二），寄意慈亲眷念，赤子乌思。

一九七九、八〇至八二年，我先后在广州、北京、湖南、四川并到日本东京、大阪举行了“关山月画展”，这是新中国成立后我第一次举行个人画展。与此同时，广东人民出版社为我出版了《关山月画集》。这个展览和这本画集，集中而具体地反映了我从三十年代到八十年代所走过的思想和艺术的途程。就因为考虑到各个时期的历史背景以及创作思想、艺术手法的变化，所以休论作品的巧稚媸妍都端了出来，意在总结过去，展望未来，寄我“风尘未了缘何事，绝顶高峰向晚攀”的壮心。我今年已逾七十，希望此后更能坚定正确的方向，坚持正确的道路，从我自己的具体实际出发，从客观的高严要求出发，使自己创作出来的精神产品，能适应祖国的四化大业的需要，从而为振兴中华，为丰富民族的和世界的绘画艺术宝库作出贡献。我从来认为，这是每一个有志气的中国画家，尤其是国画家的神圣责任！

五、行成于思种种

我的绘画艺术创作生涯，倏忽已过半个世纪。所谓“行成于思”，一切实践无不有一定的思想作支配，有一定的认识为基础。特别自解放后接受了毛主席的文艺思想为指针以后，我在教学、创作、深入生活、对待传统等方面，都通过独立思考，结合自己的实际而有所体会。现在点滴写下，或未成轨迹。

艺术不能脱离政治，但政治不等于艺术。

这后者是常识，连常识都不懂，就不是艺术家，或者是空头艺术家和交白卷的艺术家。我们绝不能否认艺术规律而只强调艺术是政治工具，绝不能无视艺术形式而只强求艺术是政治图解。但艺术又确实不能脱离政治。这两者的关系，正如鲁迅说的：“我以为一切文艺固是宣传，而一切宣传却并非全是文艺。”我诌过两句诗：“自差义理入神貌，颇遣歌呼出写图。”从字面就可以看出，国画的“图写神貌”艺术，绝不就等于政治的“义理歌呼”宣传，但是我以为“图写神貌”时可以而且应该有时代的“义理歌呼”在。这两者的“出”与“入”的关系，有点像孟子说的“出入相友”，即既不相等，也不相悖。我主张的是艺术不等于政治，但艺术不脱离政治。这一点，也充分体现在我们现行的文艺方针、政策上面：文艺为人民服务，文艺为社会主义服务。我们的文艺，要表现出社会主义的时代精神，要为人民群众所喜闻乐见，要注意社会效果，要给人民以美的享受，要鼓舞人们奋发向上。我们是为社会主义而艺术：既不提倡什么“写中心画中心”，也要反对“为艺术而艺术”。当前，所谓“自我表现”以及牟取名利的时髦言行甚为值得注意和深思。在绘画上，这其实是个“怎么画”和“为什么画”的老问题。文艺工作者的美溢是“人类灵魂的工程师”，所有文艺作品，比如一幅画，当然就是一块灵魂的镜子，既反映人类世界，也反映画家灵魂。其关键就在于怎样反映，怎样反映往往就显示出画家的灵魂来。在这个意义上讲“自我表现”，就理当强调艺术家应该有积极的态度，正确的立场，革命的世界观、艺术观，也就是先进的社会主义思想。如果摒这些而不问，一味“自我化”“自由化”，画花鸟还寄意于八哥反目，画山水还立意在满纸剩残……先不说古人这样画也是与当日的政治攸关，在我们这个社会主义时代如此命笔，起码也属于过去我就深有所感的“自擅一家何足道，游离群众哪能行”一类。这样的作品，又怎能“为人民服务”呢？这样的作者自以为清高的名家，清新的风格，毛主席说得好：“要说这也是清高，那只是自封为清高，群众是不会批准的。”[①]至于“为什么画”这个问题，最近，领导同志在六届人大一次会议上作政府工作报告时告诫说：“一切严肃的、爱国的、革命的作家和艺术家，绝不能把自己的作品和表演当作牟取名利的手段。”这“牟取名利”之在于艺术家，看来颇为时髦也成时弊了。这就十分值得我们艺术界警醒！本来，历代画人，都有极讲人品骨气的，有所谓“素业不言钱”者。这等清风洁格，倒很值得钦仰和继承。不过，画家自然也不是不食人间烟火的神仙，他要生活，他需要工作条件，他得到合理的劳动报酬当然是无可非议的，但以我半个世纪所尝的甘苦，所得的经验，报酬之于画家，最好仅限于以画养画，如果超出了这个界限，就要成为金钱的奴隶。犹忆高剑父老师“出山泉水浊”之诫，钱古作泉，不想联系今天实际，亦颇有“出名钱水浊”之流。不过那些情趣低下、追名逐利的人，即使风云一时，也只能昙花一现。只有艺术不脱离政治，为人民服务，为社会主义服务，有伟大的抱负的艺术家，才会产生真正的艺术作品。

艺术不能脱离生活，但生活不等于艺术。

生活是文学艺术原料的矿藏，是粗糙的但最基本的东西，它以最生动、最丰富的自然形态存在着，使一切文学艺术相形见绌。这是艺术

① 毛泽东：《在延安文艺座谈会上的讲话》。

不能脱离生活的道理。而艺术作品却应该比实际生活更高，更强烈，更有集中性，更典型，更理想，因此就更带普遍性。这是生活不等于艺术的所在。本文前述艺术不能脱离生活已多，于此略谈把生活变成艺术之我见。我本人是通过中国传统绘画手法反映生活的。我想结合中国画的特点，谈谈自己的体会。首先是认识形象。美术作品是靠形象表现主题的；认识不到形象，没有形象财富，也就说明认识不到生活，没有生活。没有形象的积累，是搞不成创作的，这几乎有如写文章要认识无数的生字一样。写文章不能全靠查字典，美术创作也不能全靠找参考，或只靠临时在生活与创作之间现买现卖。中国画创作尤其如此。形象的认识和积累，是中国画创作的根本因素和重要条件，因为中国画往往是背着描写对象而画的。只有画家满脑子都是形象的积累，即所谓“胸有成竹”或有所训“胸中丘壑”的时候，才能产生“气韵生动”的中国画艺术。“气韵生动”之所来自，一如拙句所云：“法度随时变，江山教我图”“自然中有成法，手肘下无定型”“得意云山行处有，称心烟雨写时来”——行处有的得意江山，早变为写时来的“胸中丘壑”，这种来自生活、师法自然的成法，就形成中国画落笔随意称心、变化奇妙无穷的生动气韵。一画既成，就令人有“人间何处有此境，笔底随心化大千”之叹！山水国画如此，人物国画及用中国画法画什么都如此，都讲究“心中所得图归纸，手底何曾貌若人”，最好不要指望在创作过程中才临渴掘井地去找参考，临时到生活中去现买现卖。苏联有位画家叫做伊凡诺夫的，他曾用了二十三年时间画成巨幅《耶稣下凡》。记得五十年代，曾有人把这作为好经验介绍过，因此，一九五九年我在莫斯科曾特意到特列加科夫美术馆参观此画，并细看了用一个专室陈列的画家为创作此画当时收集备用的所有素材。这些素材包括每一件道具的细节。作为一个画家平时没有生活的体验和形象的积累，每一细节都要依赖现买现卖描画。我认为这不是一种好经验，特别是中国画更不能抄袭如此的创作经验。以我之所历，生活是极其丰富多彩的，有许多景物，连速写、写生都难以捕捉，如动物的动态、人物的表情、景物的晨曦夕照、黄山的烟云变幻、三峡的雾漫流湍，都稍纵即逝，只能依靠敏锐的观察、心头的记忆，做到对客体有个比较全面的了解，又对特点有着比较细致的认识。比如对黄山，先要有个总的印象，而对黄山的石纹，黄山松的生势，又掌握住了它们从形体结构到倚托顾盼的独具特点，那就不管黄山的云海如何变幻无常，而黄山的固有形质却依然不遁，只要处理好画面的虚实变化，黄山必然色相生辉。这就是我所谓“真境逼神境，心头到笔头”的背离物象、创造形象的秘密。其次，中国画在认识形象而外，还特别注重表现形象。往往画什么不是目的，怎样画才是标鹄，因为中国画都是借景抒情，状物言志的。比如，现在有些年轻画友说要学八大山人那样“表现自我”，殊不知此山人画八哥必反眼，还有郑所南画兰草必画根之类，无非都是借以表现当日之时代，排遣自己的愤懑。昔时国土无存，故根无所托；明室倾荡，故反目抗清。又如我爱画梅花，亦无非托意“俏不争春”，或寄情“千家暖笑”；有时标榜墨梅的浩然清气，也无非表现我们的乾坤正气。中国画法最讲究生活、形象之如何表现，中国画家的“自我表现”反映时代精神、时代风貌这一历史传统，是十分值得我们注意和继承的。有人说：“中国画不光是画技术，主要是画思想。”虽然出语惊人，但也入木三分。综上所述的这些特点，也使我们中国的传统绘画艺术，特别鲜明地体现出现实主义与浪漫主义相结合的创作方法。就因此，在社会主义时代，毛主席提出的革命现实主义与革命浪漫主义相结合的创作方法，是特别适合于中国画的创作实践的。细想，单就中国画长卷这种创作手段，既不受什么视点视线的机械限制，又不受时间空间的零碎割切，内容是现实的，手法是浪漫的，在全世界各民族的传统绘画艺术中，试问还产生过比中国画的长卷这样更成熟、更自由、更广阔、更有分量的表现方法吗？可以说，中国画创作从内涵到外形，都是传统地提倡师法自然而又反对自然主义的。

国画要变，但无论怎么变仍然是国画。

由于我一贯主张国画创作要知变善变，不断革新，自以为“更新哪问无常法，化古方期不定型”“守旧遏天地造化，寻新起古今波澜”，因而还以为“说法宜开后人手脚，寻新不负古道心肠”——即强调新老国画家都要发扬中国绘画艺术不断创新的优良传统，故此，有人把我看作“革新者”。但是，也由于我坚持国画姓“国”，无论怎么变革仍然是国画，所以也有把我目为“老保守”的人。我也的确认为，我们祖国有几千年的文化艺术优秀传统，作为炎黄子孙，国画家确实没有理由叛宗忘祖，把祖国优秀的艺术传统抛弃净尽，把“洋为中用”弄成“中为洋化”。我只谈点往事。解放初期，中国画曾经被称为“彩墨画”，美术院校的中国画系改称为“彩墨画系”。当时只强调人物画，山水、花鸟画课时很少，而人物画西洋素描课最多。这意味着，画中国画可以抛弃传统，教中国画和学中国画都可以抛开传统。这种做法一出笼我就坚决反对。据说，中国画连名称都要“改革”，是因为中国画落后，不科学，因而要以西洋画来改造中国画。在“西洋素描是一切造型艺术的基础”的理论指导下，而西洋素描又在苏联的契斯卡柯夫的模式的统治下，要中国画系的学生照画不误，附设中学还规定要画灯光素描。为了反对这种教条主义的、有害的“中为洋化”的做法，我和当时所在学校的中国画系师生一道，对人物画教学提出以中国画传统的白描为基础，吸收西洋素描中线描一派的优长，建立与中国画系教学全程相适应的中国画素描基础课，以逐步完善地建立中国画系教学的新体系。我们既有理论的根据，又经实践的检验，证明这是理论联系实际的行得通的做法。毛主席说过：“我们必须继承一切优秀的文学艺术遗产，批判地吸收其中一切有益的东西，作为我们从此时此地的人民生活中的文学艺术原料创造作品时候的借鉴。”“所以我们决不可拒绝继承和借鉴古人和外国人，哪怕是封建阶级和资产阶级的东西。”①这就是毛主席文艺思想的“古为今用，洋为中用”的详尽论述，在对待中国画创作和中国画教学的问题上理应遵循。用这样的思想观点来考察和分析当时的中国画系素描基础课教学实际，我们看到了两种不同的结果。学生在被强制画契斯卡柯夫包括灯光素描的时候，由于只注意从光暗求面，对于提炼为表现结构的线，往往漫不经心，只勤于用手。因为他们眼未看准，脑未想透就急急忙忙地动手画线，这样落笔屡屡欠准之后，又慢慢吞吞地用橡皮改。这样试行错误的从面到线的做法，不是事倍功半，就是学难致用。一个人像作业之成，动辄以数十课时计。画成之日，即使毫厘

① 毛泽东：《在延安文艺座谈会上的讲话》。

不差，但也很难把画过的形象记在脑中，把落笔的功夫留于手底。而学生采用传统的方法用毛笔画人物白描的时候，由于不能动辄求救于橡皮，他们就必须先对对象详加审察，因为一下笔便牵涉全局，不看清，想透，每一笔都不容易画准。这样眼脑手三者同时训练，合一动用，久而久之，不但画出来的人物栩栩如生，而且记在脑子里的形象也时时复活，既磨炼了笔墨，又积累了生活，在课时的耗用上，也可事半功倍，往往画成一个苏式石膏人像作业的时间，已可画完多张人物白描。我们坚信，只要方法对头，加之勤学苦练，就能上好中国画的基础课，练好中国画的基本功。上述这桩是往事，虽然有过良好的开端，奏效的实践，然而作为社会主义新的中国画的基础课教学体系尚未成功，还待有志之士继续努力实践。至于谈到中国画创作的现状，“改革”的近貌，那我总认为，鼓动虚无主义，实践世界主义的言行对国画艺术和国际画坛都是毫无补益的，因为我向持恒见：对于艺术来说，越有民族特点就越有世界意义。而对于中国传统绘画艺术来说，在世界艺坛上，恐怕古以迄今，它仍然是形式主义最少却蕴含的形式美最多的。此点，也恐怕连外国人士都承认吧！

一九八三年脱稿于北京

（原载《文艺研究》1984年第1期）

关于画梅

一

树有根、水有源。我喜爱画梅，说起来，也是有其根源的，根源早就萌植于童年生活之中，包括传统观念的支配、客观环境的影响，还有就是纯朴的童稚之心在模仿行动的潜移默化中产生的兴趣在起作用。

我出生在一个没落的书香之家，父亲是一个赶不上科举考试的农村知识分子——小学教师。他不但喜爱种梅，还经常咏梅、画梅。童年时代，我家小花园里就有几棵老白梅，由于是好品种，因而乡间亲友们都要托我父亲为他们接枝育苗。我父亲曾当过渡头关村小学的校长，狮子岭山麓的校园里就曾种有二三十棵白梅，也都是他亲手接枝培植的。我出自好奇心，往往自觉或不自觉地经常当了父亲的助手，久而久之，我也从中学会了接枝育苗的一些常识。每当看见自己手植的梅初次发花时，就有说不出的高兴，因为这是我劳动的成果。我曾为之培土浇水，入冬老是观察着有否长出花蕾，一旦花开，内心的喜悦是不难理解的。后来随父亲到织箦镇小学读书，学校附近有座小庙叫做普济堂，院前就有一林老梅。这数十棵老梅虽然没有我家后园的古梅长得高，但“老”得很神奇，每到花开的时候，我就跟着父亲和老师们去赏梅。他们边观赏梅花，边吟唱咏梅的诗句，我也从此引起了画梅的兴趣，或临摹、或写生，就只恨自己没本事把梅花的清香画出来。

也许由于我从小就有幸受到这种得天独厚的熏陶，再通过自发的临摹、写生，遂使对梅花产生浓厚的兴趣变成了真挚的爱。以后我经历多了，生活接触面也广了，文学艺术的修养也有所提高了，有意识地和梅花打的交道也多了，我爱梅的程度也就日渐加深起来。

梅花以江浙一带为多，鄂、湘、滇、蜀和华南地区也不算少，广东就有个罗浮山，广州还有个罗岗洞，都是南粤赏梅的好地方。上面提到的省份我都到过，四川成都在抗战期间住过多年，湖北武汉因为工作关系也居留数载之久。凡是遇到梅花开季节，我总想到植有梅花的地方去欣赏一番，并收集一些有关梅花的题材。抗日战争年代，我曾到过云南昆明，并有目的地去黑龙潭欣赏那棵有名的唐梅；一九七六年在日本访问时也看过一棵著名的卧龙梅，虽然不是花开季节，但这些古梅的姿态都生长得很美，很可入画，有如陆游的诗句所咏叹："重叠碧藓晕，夭矫苍虬枝，谁汲古涧水，养此尘外姿。"的确，梅愈老则愈夭矫，盘错多姿，有如干戈剑戟，有如鹤膝鹿角。由于岁月的迁移，这种老梅的枝干鳞皱斑驳、苔藓蟠绕，满身都是与自然风霜雨雪搏斗经历的印记。所以说梅愈老则愈奇，愈古则愈神；动如蛟龙出海，静如卧虎伏地，不论或俯或仰作前、后、左、右面面观，都使人觉得美妙神奇。在画家眼中，铁干纵横盘错的线条和千变万化的空间构成了艺术上的形式美，并呈现着一种微妙的节奏感和韵律感。至于寒冬花开季节，却又是另一番境界。梅的生命力是很强的。老病梅往往长出茁壮的新苗，甚或已枯朽的古梅也会再得生机而重新萌芽开花，那种古逸老迈之气，正如石涛所咏："干老枝枯冰玉屑，花娇色艳洒银皴。"文人画家每每喜欢以水墨写意画白梅，因为他们往往把白梅与雪联系在一起，赞为"傲雪""香雪"，或为"冷艳""冰肌"。辛弃疾有云："更无花态度，全是雪精神。"张泽民有云："崚嶒鹤骨霜中立，偃蹇龙身雪里来。"吴师道则云："春风雪里一枝花"，等等。又南粤罗岗白梅盛开时，人们亦称之为"罗岗香雪"。每当我读到这些写梅花的诗句时，进入到的便是哲理的意境和诗人的情怀。我体会到，有没有这等文学修养，画起梅花来是大不一样的。古人有自称"梅颠""梅痴"或"梅仙"者，我却最喜欢"梅花香自苦寒来"这性格，它激励我自强不息，故我也把梅花看做良师益友而称之为"梅师"或"梅友"。

二

自古以来，梅花特别受到诗人、文士、画家的宠爱，寻梅、赏梅、咏梅甚至成了他们精神生活的一部分。在历史上将梅花人格化并与自己的生命融为一体的，以“梅妻鹤子”自许的林和靖最为典型；陆游也有“何方可化身千亿，一树梅花一放翁”“老子人间自在身，插梅不惜损乌巾”等名句传世。他们和陶渊明爱菊、周敦颐爱莲一样成为史乘佳话。

所谓画梅须同梅性情，写梅须具梅骨气。人们又赞扬王冕“画如其人，人如其画”为“人与梅花一样清”，就因为他曾这样题过自己所画的墨梅：“吾家洗砚池头树，朵朵花开淡墨痕。不要人夸好颜色，只留清气满乾坤。”王冕画梅，将诗、书、画融为一体，他的梅诗、梅画，或题梅的书法，质文并茂、情景交融，体现出真、善、美的生命力和艺术境界，从而产生无限的感染力量。在历代画梅的名家中，王冕被誉为“梅仙”，他的诗、书、画我都比较喜爱，也敬重他的为人。

三

这一切使我意识到不能只执意于“为画梅而画梅”。我也明知梅花是前人吟诗绘画的传统题材，历史上已有不少名家不知产生过多少不朽佳作，而且各家各派的风格极其丰富多彩。可以说，画梅在诗、书、画融为一体的中国文人画中，是最为普遍也是成就最高的。高剑父老师在倡导中国画革新时，也提倡“新文人画”，即摒弃旧文人画逃避现实的遁世消极的思想，要求新文人画具有积极入世的时代感。当今时代不同了，画家的思想感情更应随新时代而有所变化，我以为这里有个“继往开来”的问题，亦即继承与发展的问题。今日的新文人画，到底要继承什么？既要发展，又向哪里发展？这对于画家来说，这些答案都得通过艺术实践体现出来。

老题材往往如旧剧目一样，内容大体是差不多的。但要知道，梅兰芳演《贵妃醉酒》，对观众来说，要求并非想知道这传统剧目的情节，只为欣赏梅兰芳的表演艺术；而梅兰芳演《贵妃醉酒》却能使观众百看不厌，每次都博得热烈的喝彩声。若换了个蹩脚的演员，同样演的是《贵妃醉酒》，艺术效果就会大不一样。画梅花这个传统的题材，就和表演传统剧目的情形相仿，梅花这一传统题材对于画人画品的要求都高而且严，若在技法和风格上老是重复前人或自己的一个口面，老是停留于古人昔时或自己眼前的水平，那是不能满足时代要求的。我近来着重创作了一些以梅花为题材的画幅，试图在中国文人画的“推陈出新”方面，特别在艺术形式上，尤其在诗情、画意、书味的融洽上多作些探索，以期今日的中国文人画也能做到“雅俗共赏”，为人民、为社会主义服务。因而，我认为今天的中国文人画不应只限于“孤芳自赏”的“自我表现”。我也不主张纯客观的自然主义描绘，但必须承认，只有对描绘的对象有了鲜明而正确的主见后才写得出个人风格来。我试图借梅抒情或借梅达意，使作品能对人们产生艺术的感染力量。梅花是客观的对象，而情意却是作者此时此地对梅产生的主观思想感情，至于我，和别人所作，或处于彼时彼地，对梅的表现都应该是不一样的，即使同是自己之所作，画出来也不可能老是一个口面。如果画梅的技法程式不变，那冷冰冰的千篇一律的口面，证明就不是自己有感而发的作品。我今后还愿多做实践，继续探索。总之，题材愈老愈要创新；所作愈多，愈要创新。我希望在继承传统的基础上，在突出个人风格和表现时代精神的前提下，今天的中国文人画会有一个崭新的面貌出现，这又何止厚望于画梅花！

一九八六年十月于广州

教学相长辟新途

——为建立中国画教学的新体系而写

新中国成立后，为了工作的需要，我一直参加了美术院校的行政领导工作，但生怕久而久之脱离了业务实践，所以又同时坚持着中国画系的教学工作。只有在“文化大革命”后，我才离开了教学岗位和学校领导职务。解放前，我也从事过美术教学工作，那时，对于为谁画画、画画为了什么都不明确。解放后，有了共产党的领导，有了毛泽东同志的文艺思想指引，有了《在延安文艺座谈会上的讲话》作依据，我们才初步明确什么是正确的教学实践。值此三十周年校庆之际，广州美院的学报编辑部约我写一篇这方面的文章，我便义不容辞地答应了。

一、回顾：两种观念之争

解放初期，美术教育思想还比较混乱。混乱的思想来自两个方面：指导美术教学的教条主义与某些人对待传统的虚无主义。其具体论点、论据和做法有：“以西洋画改造中国画”“把中国画改为‘彩墨画’”，因为“用毛笔宣纸画的都是中国画”，“西洋素描是一切造型艺术的基础”，而“中国人物画只画单线平涂”；因而中国画系也把西洋素描作为基础课的主要课程，而且只主张画苏联契斯卡柯夫一个模式的素描，甚至还规定要画灯光素描。我当时曾认为，这些论调和决定都不符合毛主席《在延安文艺座谈会上的讲话》的精神，我没有表示过同意。但在当时的特定历史条件下，我只有通过教学实践去争议，去解决问题，只有实践出来的成果，才可能是最有说服力的答案。我曾下决心通过自己的教学实践，与中国画系全体老师和同学一起进行研究、探讨，并得到他们的支持和拥护，在中国人物画教学上采取了新的措施，取得过一定的成果。只可惜这一个良好的开端，又被一场“十年浩劫”的“文化大革命”冲击掉，那公认的、在全系老师和同学的共同努力下所取得的一点教学成果，也轻易地被否定了。至今，我还怀念这段“教学相长”的既难得又有意义的教学历程，并以未能彻底实现我的中国人物画的教学理想而引为毕生憾事！不过，我还得郑重声明一句：那阶段人物画课取得的一点成果和点滴经验，其功劳是归于集体的。

世上没有绝对高明的老师。我和同学一起深入生活时，许多方面他们都比我高明，在实践中只能是“能者为师”。就说我教中国画人物画课吧，我虽然也画过不少人物写生画，也画过西洋素描，但毕竟未曾系统地学过，尤其是西洋素描，缺乏实践经验。既然名义上是老师，当然也应该具备当老师的条件：对古今中外的绘画艺术总比年轻人见识多；接触的名家、走过的地方也比较多；而在中国画的人物画教学上，也是有发言权的。在当时美术教学思想混乱的情况下，我这个当老师的不能人云亦云，必须有自己的见解，提出教学的主张，但首先要有理论作指导，又要有政策为依据，再根据自己的阅历加以比较、分析。所谓胆识，有识才有胆，才能大胆地阐明见解，提出主张。

比方，“西洋素描是一切造型艺术的基础”这个提法是否对？对中国画教学是否合适？本来，素描是个概念，西方就有各家各派、各式各样的素描，中国的白描也属素描。而当时提出来的所谓“西洋素描”，指的又仅仅是苏联流行的一种模式。我当时认为，把这种素描作为中国的造型艺术，特别是中国画的基础，实在利少弊多，会带来先入为主的麻烦。事实上，我们有些学生从附中起学了苏联那套灯光素描，再到国画系学中国画的时候，就产生必然的脱节现象。因为苏联式教学和我们中国画教学从认识对象到反映对象的路子都很不一样，是两个很不相同的体系。西洋素描一般是适应油画的素描，苏式素描是适应苏联式油画风格的素描。我反对把这种素描作为中国画的造型基础。中西绘画认识和表现对象的差别在哪里呢？西洋画只强调形体的面和形体的明暗，如在画石膏素描之先，首先要求学生在石膏模型上找可变的明暗交界线（灯光素描的特点则是不变），那就是从明暗出发，用明暗调子，而以面来体现物象的形体。这和中国的白描写生不同，我们首先强调“形神兼备”，画人物就从人体不变的结构入手，即从结构出发。我以前曾在一篇文章里批判过中国画基础课也照搬画石膏球体的做法，而主张中国画的基础课可采用足球或排球做描画对象。这样做，有利于从球类皮块的缝路表现出圆球的结构和它的体积，而不同于前者只有利于找明暗的层次来表现圆球的体面。两者目的似乎一样，但手段绝不能照搬。

当初有人主张“以西洋画改造中国画”的时候，也有人“反对中国画画素描”，争论不休。我觉得在明白了中西绘画认识和表现对象的差别以后，就会晓得问题不在于画不画素描，而在于中国画应该画什么样的素描。中国画的白描也是素描。因此，我认为不能脱离中国画的实际，而主张中国画的基础课必须画白描。当时有人也反对中国画的白描，他们认为白描不科学，只有线，没有面，说用白描画石膏圆球就画不出立体来。其实石膏圆球画正光也有这种困难。这实际还是两种观念之争，在我们这方面，我认为一定要站在中国画的立场考虑问题。中国画的主要任务，总的来讲是“推陈出新”，解决一个承前启后，即继承和发展传统的问题。“极思图写行新法，切欲师承化古人”——在我以为，作为中国人而兼国画家，对此是应竭尽其责的。只有站在这样的立场上和在这样的前提下展开是否要“以西洋画改造中国画”的讨论，展开有什么理由反对中国画的白描的辩论，才符合客观实际，才有利于真正完成我们中国画教学的任务。

中国绘画的特点很多，中国画在国际上有很高的声誉。它有很多精华，为外国人所难于学到，甚至是学不到的。其中主要一条是用线。用线来造型外国绘画也有，但他们的线不像我们的线。他们那一套我们可以学，而我们画线的笔墨，他们是学不好的。中国绘画理论有“书画同源”的讲法，虽然不是说在绘画中机械地运用书法的线条，但书画都用线来作艺术表现的原理是一致的。由于我们有拿毛笔的传统习惯，从小拿到老，灵活运用，才创造出了中国画的“骨法用笔”。这是我们能他人所不能，是我们最大的传统特点，也是我们最大的传统优点。这“骨法用笔”，是中国画很早就提出的“六法”之一。它和“气韵生动”相并，即气韵和用笔，可说是中国绘画的灵魂。“六法”中的其他“四法”，却是西洋绘画也有，也遵循的。

中国画在造型上讲究“形神兼备”，就是以线写形传神，在线描的运用上以书法的道理来体现“骨法用笔”写出物象的形与神。它不但能表现物象的形体，还能刻画形体的肌肉和骨头的软硬，分别描绘出花木的老干与嫩枝，一直体现到花瓣所含的水分和透明的感觉……更重要的是还充分表达物象的动态和它所特有的神韵。总之，中国绘画对线的要求是使之锻炼成为反映物象最富有表现力的一种艺术语言。

下面我想谈两件亲自接触过的往事。一九五九年春天，“中国画近百年绘画展”第一次在巴黎展出，其中有两幅作品特别引起巴黎观众的注意。第一幅是齐白石画的竹笋，笋子旁边放着一把锄头。就在开幕式上，有一位年纪较大的来宾，在这幅画前竖起大拇指对我说：“中国画的笔墨真了不起！”据说他是一位汉学家，他指的是画上那把锄头，惊叹其用笔的准确程度。他说：“只狠狠的两笔，一笔是铁的锄头，另一笔是木的锄柄。画锄头的那一笔体现了铁的硬度和重量，画锄柄的一笔又表现出木的质地和体积，两笔之间分明看得出是在表现两样不同的效果，而又把两样不同质的东西用这样高度提炼概括的笔墨准确地表现了出来。这种毛笔的表现力量，在世界的绘画宝库中显示出最高的成就和最大的贡献。”这是外国人对中国画在“骨法用笔”上的评价。第二幅是徐悲鸿画的，画题是《逆风》。展出后的一天，有一群高年级的小学生由老师带领着很有秩序地鱼贯进入展厅，他们和大人一样鸦雀无声地观赏展品，当他们走到徐悲鸿这幅画前就停下来了，大家围在一起小声议论着。占多数的小朋友都在赞叹画上的那群飞雀，说飞雀画得特别生动，唯独其中有个小孩持不同见解，他指着芦苇的摆动方向，说这是风的动向和力量。他接着对他的同伴们说，你们说飞雀画得生动我同意，但我认为，如果雀不是逆着风飞就显不出那么生动了。最后他的结论是，那群雀儿为什么反风向飞？因为这幅画主要不在画雀，而是画风——只借飞雀来表现风的力量。我当时听不懂法语，只是他们议论的神态，引起了我和协助我工作的翻译的注意。他们的对话，是翻译后来告诉我的。像这样的小观众也能看出徐悲鸿那幅画所要表达的主题思想，无疑是徐悲鸿画芦苇的飞舞的用笔在起作用，笔势写出了风势，造成画幅“气韵生动”的氛围，若不是动员“骨法用笔”的表现力量是办不到的。“中国画近百年画展”在巴黎展览期间，法中友协替我们收集的有关画展的报道和评论的剪报达七十多件。为什么这个展览会引起巴黎观众那么大的兴趣？其道理和我上举的两件小事是有绝大关系的。

二、实践：一条创新之路

学术上的问题，我总觉得不应过早地下结论；但一经发现有问题，就不应隐瞒自己的观点：该肯定的还是要肯定，该否定的也应及早否定，避免走更大的弯路。我们是从事中国画的教和学的，师生之间首先要有一个统一的指导思想：都认识到不能不加分析和批判去继承传统，也不能原封不动拿西洋素描来代替自己的民族绘画。有了这个艺术观作前提，至于如何批判继承与借鉴，就有法可想了。我一直都认定，只有认真学习毛泽东同志的文艺思想，也就是反复学习“古为今用，洋为中用”的方针，以解决中国画及其教学“推陈出新”的问题；并结合当前中国画的教学实际作检查，从眼前学生的作业中找出问题的所在。在整个五十年代和六十年代前期我们所进行的中国画教学的新尝试中，师生们都一致认为，中国画的人物画对自己的优秀传统不但要继承，而且，为适应反映现实生活的需要，还要把优良传统加以发展。问题是怎样去发展。在怎样发展的问题上，大家也一致认为，丢开传统基础白手起家或以西洋素描来代替，都是不符合“推陈出新”的精神的。至于“古为今用，洋为中用”，在字面上都知道前者是继承，后者是借鉴，但怎样批判继承和借鉴就把握不大，非着手在两个“用”字上，也就是在实践上下工夫不可。可是实践也绝非盲目的实践，“用”也不是无原则套用，问题就真正复杂在这里。而对我自己来讲，“古为今用”，这方针我已遵循了几十年，古来的东西，哪些是糟粕，哪些是精髓，通过几十年的实践，多少懂得了分辨，知道要“用”什么。唯独对“洋为中用”这个借鉴问题把握不大；因为对外来的东西毕竟知晓得有限，艺术实践也比较少，所以不能知己知彼，“用”起来就心中无数。为了熟悉情况，我曾有意识地向教西画的老师学习，跟他们一起进修素描，自己平时也翻阅了不少有关素描的图书。我的目的是为了搞清到底有哪些值得借鉴，怎样取人家之长补自己之短。的确，洋画的技法理论，透视学、解剖学和色彩学一类的科学知识，正是中国画所短缺的，非借鉴过来不可。但我认为借鉴不等于机械地搬用。比方说，中国画的短处是不讲透视，不讲解剖；但也可以反过来说，这正是中国画的长处，因为它讲求的是艺术科学，而往往不受自然科学的制约。为了进一步摸清情况，一九五九年我在欧洲又曾有目的地参观访问了好几所美术院校的教学，还到许多美术馆去观赏考察。在教学方面，当时所见，他们都不重视基础课教学，石膏也画，但都是追求变形那一套，分明没有画准的能力，却巧辩曰有意变形。这是自欺欺人。老师自己也搞这一套，他们很少到课堂辅导，让学生爱怎么画就怎么画。这是误人子弟。他们的基础课教学和我们的相比，恰好是两个极端：他们认为我们照搬苏联那一套搞法是纯客观的自然主义，而我们却认为他们那一套“爱怎么画就怎么画”是纯主观的形式主义。总之，他们那些东西是和现实主义相违背的，这样的“洋”怎能为我们所“用”呢？另外，我在巴黎参观卢浮宫的文艺复兴前后的绘画，也参观了印象派和现代派的美术馆。罗丹雕塑美术馆和荷兰林勃兰的美术馆我也去参观过。所到之处，我都有意识地看了各家各派的素描。一些现实主义名家的素描，都各有各的风格、各有各的明显的个性，既非自然主义的描写，也非脱离现实的抽象的变形。这些名作给我大开了眼界，使人知道，即使是西洋素描，也并非只有苏联模式一种，其中也有不少用线描写的素描，但毕竟仍然不同于我们中国的白描。在国外参观考察，当然也是一种借鉴。

我前面说过，过去我没有机会系统地画过西洋素描。没有实践，就没有发言权。为取得这个发言权，有时我便跟油画老师一起进修素描课，首先把他们看作自己的老师。这样，自己就有更多的机会和条件看看他们怎样画，听听他们怎么讲。我曾向附中教素描的老师系统地了解过灯光素描的情况。灯光素描教学法来自苏联，他们认为它的好处是光影能保持不变，因而易于分辨光影的层次调子。而我在自己实践的过程中，却更具体地发现我的观察和表现对象的方法与他们都不一样，我觉得灯光素描的优点也带来了它的毛病。比方，一个长期作业占用的时数那么多，而又用最尖的铅笔一笔一笔填，连背景也是这样一笔一笔涂，不少同学都患起近视眼来了。而且，因画惯了灯光就画不成外光，一碰到外光多变就产生了困难。此外还带来了其他毛病，如画惯了长期静止的人像再画活动的人像就束手无策，到生活中去画速写也觉得办法无多，而且一旦背离了对象就更加难着一笔了。我们机械地教条主义地学来的外国这一套，和中国画的教学体系是很不相同，说实话，有点格格不入，很难“用”上。也许由于自己也经过了一些西洋素描的实践，又有机会往欧洲进行过美术教育的考察，带着现实问题作了一定的历史考查，看了西欧无数名家的作品。也看了不少与此有关的图书资料，从而进行了若干调查研究和分析比较。因此，对中国画教学体系的探讨和建立提高了勇气，坚定了信心也增强了决心。

现在我想较集中地讲讲当时的中国画基础课的教学情况。当时的整个历史背景，是执行极“左”路线，在美术教学上，一个表现是教条主义学习苏联，另一个表现是虚无主义对待传统，一切都讲样板，讲模式，什么都一刀切。就说素描教学吧，竟可以不管哪个专业，都一律画同样模式的素描，所以当时全国各地的人物画差不多都是一个模样，一个口面，不容许有什么个性，谈不上有什么个人风格，更谈不到有什么派别、体系或地方特点。如果谁强调一下艺术形式，就会给你戴上“形式主义”的帽子，谁说一句什么派别或体系的话，就会给你挂上“宗派主义”的牌号。当然，自从专业分系以至分科之后，上述情况稍有改变，但由于一样模式的苏式素描课与中国画专业脱节，就引起一些争论——中西绘画两个不同系统的争论焦点往往就发生在素描教学中。当时，负责中国画基础课素描教学的老师多数原来是搞西画的，他们自然主张搞西洋画体系，坚持画西洋的素描。教中国画专业课的老师，当然希望基础课素描和中国画专业课不要脱节，而要结合得更好一些。这样一来，中说中有理，西说西有理，各持己见，在教学实践中出现过“对立”“抵消”的消极现象，使学生无所适从。由于没有统一的指导思想，必然给中国画教学带来不少困难。我听说别的院校也曾有过如下的事例：中国画系的学生入校前多半受了苏式素描训练（如附中升上来的同学），到中国画系之后，又由于素描基础课教学仍然与中国画专业课程脱节，便出现学生用毛笔在宣纸上画西洋素描的必然现象。这自然不是画中国画，但竟有人站出来申辩说："用毛笔在宣纸上画的就是中国画！"甚至还旁征博引说：用刀在木板上刻的是版画，用油彩画的称油画……总之以绘画工具区分之就对。然而有不少人认为用毛笔宣纸画的偏偏就称不得中国画，他们反问："那么，外国人同样用毛笔和宣纸来画的画算不算中国画？"就这样，思想混乱必然会带来教学的阻力，步调不能一致，又怎能把中国画教学推进一步呢？

广州美术学院中国画系分科以后，我即提出：必须有一种与中国画体系相适应的、和中国画系专业不脱节的素描。有人跟着提出，白描也是素描，为什么不画白描？但有人就反对，说白描不算数，不承认自己的白描是素描，理由是它不科学。这样，与中国画专业相适应的这种素描既不存在，苏联模式的素描又不合用，又没有谁提出一套与中国画不脱节的科学的素描，那该怎么办？当时我认定只有创新一条路可走。怎样创法？就得披荆斩棘开新路。当时，包括老师和同学在内，全系都一致同意开辟新的道路。开新路的思想就这样树立起来，开新路的决心也下定了。

关于创造适应中国人物画的新素描从何创起，又怎样创法的具体问题，大家认为，唯一的办法就是按照毛主席的教导去办。毛主席早就提出了"百花齐放，推陈出新"，以及"古为今用，洋为中用"的正确方针。在我们开辟新道路、创造新素描的具体措施中，我们实际是通过下面这几个方面来贯彻执行毛主席的正确方针，从而要把他的教导具体化在我们的创造活动中的——这就成为我们拿定了的主意：

一、要创造一种继承与发展民族传统的新的中国画，必须首先创造一种与中国画革新相适应的新型的基础课——素描。

二、立足民族，面向世界。中华民族的传统绘画早已在国际享有盛誉，时代赋予我们的责任是创造一种民族的、社会主义的崭新的中国画，为世界绘画宝库作出新贡献，为民族争光，为国家争光。

三、坚持在"百花齐放，推陈出新"方针的指引下，认真着手于"古为今用，洋为中用"这两个"用"字，切实做好批判继承和借鉴。为此，必须坚持不懈的艺术实践，着重抓好创造新素描的艺术实践。

四、在实践中提倡"四写""三并用""两要求"。"四写"是指临摹、写生、速写、默写，并发扬“骨法用笔”“气韵生动”的传统；“三并用”是指刻苦锻炼好手、眼、脑并用；“两要求”是指真正做好“形神兼备”的功夫，认真解决好“气韵生动”的问题。

五、坚决发扬民族绘画的优越性，特别是“六法”中的“骨法用笔”和“气韵生动”。这两者是中国画最大的特点，也是最大的优点。这是西洋所无也学不到的，对世界画坛历来都有特殊贡献的优点。“坚决发扬”的具体措施就是坚持用毛笔“四写”。

我们企图创造的是新型的中国画素描，首先是提倡用毛笔画模特儿，要求学生直接在宣纸上画，而且不能先用铅笔打稿再用毛笔落墨。由于墨擦不掉，用不着禁用橡皮。如果承认“骨法用笔”和“气韵生动”是中国画的灵魂，我们就绝不能丢掉这个灵魂；如果解决不好用毛笔来写，就等于把灵魂丢掉，也谈不上联系中国画的实际解决好“古为今用，洋为中用”这两个“用”字，更谈不到什么在传统的基础上求得发展。我们这样提出问题和要求之后，当时，系里的老师有反对的，有怀疑的，也有支持的；同学中有人虽然不好公然反对，但怀疑和信心不足的可是大有人在。他们确实存在具体的思想和实际问题。我曾在《有关中国画基本训练的几个问题》[①]那篇文章中谈及“橡皮的功过”，橡皮是死东西，没有什么功过问题，我是指使用橡皮的人，如果使用得恰当自然有功，否则就有过。我们谁都晓得，毛笔画墨是擦不掉的，而过去习惯了用铅笔或炭笔画素描，由于画不准可以任意擦改，画时也养成了不那么经心，眼未看准，脑未想透就急急忙忙动手的习惯。这样反复地擦，反复地画，即使最后画成的是一幅十全十美的素描，我敢说还是收获不大；对于中国画来讲，甚至会带来副作用。因为这样做久而久之必定养成上述的习惯势力，就很难锻炼好手、眼、脑并用，下笔心中无数，就更难有什么整体观念、全局筹谋了。用毛笔画素描却正好相反，它不能擦不能改，每一笔都必须认真对待，从第一笔开始就要严肃处理，因为第一笔就牵动全局。比方，你面对着模特儿，先就要考虑用纸的大小、画半身还是全身、怎样妥善安排定位；不管你第一笔画鼻子或

① 拙文《有关中国画基本训练的几个问题》发表于1961年11月22日《人民日报》。

眼睛，或者是画大轮廓，其大小，这一笔都牵涉全局，往后笔笔都要跟着眼睛的大小，或鼻子的大小，或轮廓的大小来处理。因此，这一笔你非全盘考虑好不可，非慎重使笔落墨不可，以后每一笔也同样重要，同样要小心谨慎对待，否则便会功亏一篑。这样做久而久之就锻炼得你非手、眼、脑并用，非着眼全局不可。针对当时许多同学已养成了的依赖橡皮的习惯，运用毛笔这个武器来消除这种习惯势力是行之有效的。

改掉不良习惯是一个方面，更重要的是重新建立观察对象和反映对象的新观念。由于习惯于画西洋素描，首先要看光暗的大效果，而且每刻画一个细节又都预先要找它的明暗交界线，这统统都是在考虑面而不是线。与此相反，中国白描画每一个细节都是用线，都要考虑每一条线的作用，而且不只是考虑轮廓线是否准确，还必须考虑每一条线的表现力量，因为每一条线都囊括了面的处理，即用线也能同时体现出面。这就要求发扬传统的“骨法用笔”，做到每一笔线条的刻画，表现出描写对象的体积和空间的内在关系，即物体的质量感和立体感。所谓“一笔千斤重”，这就要求下笔时一定要精力高度集中，如在战场上想克敌制胜一样，有我无你地准、稳、狠落墨下笔！中国人物画要求一笔画成五官中的鼻子：用一笔概括为一根线，去表现一个有体积的鼻子，要求体现出这个鼻子的鼻梁、榫头的骨和肉不一样，而又要照顾到这个鼻子有立体感。试想这一笔的表现力有多少斤两，其威力有多大。也许有人认为我过于夸张“这一笔”，但我认为应该有这个高要求。只要你肯去追求，理想一定会变成现实。现实主义不是纯自然主义地再现，生活真实也不等于艺术真实，现实主义的精华，仍然应该是技法的提炼概括，以一当十就是我们在艺术加工上面应该探索的重要项目之一。能以最简练的笔墨来表现最丰富的内容，就是最高艺术。中国画的白描，其可贵之处就在于此。当然，毛笔素描有它的局限性，但也有它的巨大的优越性。局限性就是难度大，不易一下子画得准，不准又不能擦。不过这种局限性，我认为恰好就是它的优越性。它可以锻炼成一种好习惯，即未看准、未想透就不敢胡乱下笔，因为每一笔都要牵动全局，所以每一笔都要从整体出发，使每一笔都能起到每一笔的作用，而每一笔都不是孤立的一笔，笔笔都有密切的联系。这些是真功夫。让我再重复一下我在

《有关中国画基本训练的几个问题》里肯定地说过的话："毛笔是一个非常有利的武器，它的表现力是很强的。只要我们能够掌握它，使它驯服地为我们所利用，即使不借助于橡皮，同样可以画得准；但必须具有勤学苦练的过程，绝不能急功近利。"确实，用毛笔画素描的真功夫不是侥幸碰得出来的，不是靠擦、靠改得来的，那准、稳、狠的每一笔都是长期磨炼出来的。

三、收获：教学相长之果

在进行中国画基础课教学的新尝试——创造新素描的当时，"教学相长"又体现在哪里呢？所谓"一人计短，二人计长"，或曰"三个臭皮匠，合成一个诸葛亮"，我认识到，像这样一项目标在于创新而实践为了教学的既有理论又有实际意义的尝试，个人去做是不易奏效的，而且时间会拖得很长，非发挥集体力量不可，非联系实际具体安排在广大同学的课堂内外的实践当中去进行不可。"人贵有自知之明"，由于我本人不是科班出身，从来没有较系统地画过西洋素描，对西洋素描那套知道不多，从我的实际出发，得有个得力助教，我把刘济荣同志请来，他一直和我共同战斗。我当时辅导的是高年级，同学们的素描基础都较好，正是"能者为师"，在西洋素描方面同学们都是我的老师。由于他们都受过系统的西洋素描训练，也画过不少石膏像和人体素描，也搞过不少人物画创作。这些自然都是他们的优越条件，但他们所掌握的是画西洋素描所要求的认识对象和反映对象的那一套，恰好和中国画体系不完全一个样，因而原有的基础越深厚包袱就越大，要扭转西洋画体系的习惯和消除它的习惯势力更为困难。他们会感到重新拿起毛笔画素描要走一段回头路。然而事情总是两面的，这是辩证法。有如对敌作战，首先要了解敌情，知彼知己，才能百战百胜。当同学们一旦对用毛笔画素描的新措施的重要意义有了足够的认识，就会下攻坚的决心。他们在"参战"的过程中将会起莫大的作用，有更多的发言权：对于中国画体系来说，中西两种素描到底孰优孰劣，两条道路孰正孰歪——当他们通过刻苦实践有所体会和发现时，他们的经历和心得就是最可宝贵的。这些对于没有经过这种先后对比的我来讲，就是最大的"相长"，使我从中学到了不少东西。我就是这样边教边学，边学边教的。通过每一个作业的总结，十个同学就有十份作业，十份作业就等于十次和十种探索。在共同的奋斗目标之下，有耕耘就有收获，收获集中在两个“用”字上：“古为今用”用得如何？“洋为中用”又用得如何？通过“用”的收获，总使作业的实践与奋斗的目标接近一步、一致了些，新的路子必然也越走越通畅，越走越宽广。

但万事起头难，难就难在模特写生第一课。用毛笔写生的道理和方法虽然讲了不少，毕竟都是理论上的东西，怎样把看不见的理论通过办得到的实践成为看得见的现实呢？言教不如身教，做老师的就得示范，先做个样子出来。自己也感到不能老停留在口头上，做空头理论家，必须带头做一个理论联系实际的实干家。我虽然对于中国画白描有过一定的实践经验，但毕竟底子比较薄，为此，也只好先学，和同学们在课堂里一起学，互教互学。但自己得先下水，在课堂面向模特儿率先用毛笔作写生示范。示范作品不一定起到百分之百的示范作用，但至少可以为同学们壮壮胆。在画的过程中，往往发现我最容易暴露自己在透视和解剖方面的弱点，这也是过去中国人物画的致命伤。一些人说中国画不科学而横加否定就是抓住了这些弱点。同学们由于系统地学过西洋素描，一看也就发现这些问题，对此，我也虚心向他们请教。幸亏我也尚有一点本钱，即线描方面的本钱，否则我就没有资格为人师了。中国画用线解决面，形成了中国画自己的体系。这是中国绘画最大的特点，是中华民族特有的绘画艺术传统，我们一定要发扬光大这一传统。在用毛笔画模特时每一笔都接触到“古为今用”“洋为中用”这两个“用”字。例如，怎样用笔落墨，怎样运用“骨法用笔”的书法道理，怎样活用书法的笔墨去“写”画，去刻绘物象的轮廓、量感、质感、空间感和立体感；怎样从浅入深，从点到面，从局部到整体，又归结为以一当十，用线体现面，从整体统一局部；所有这些，都不是简单地用毛笔画线就能完全解决的问题。现实毕竟不等于艺术，绘画不是画标本，不是画挂图，而是艺术的塑造，是艺术的加工。因而，中国画的线是简练而不是简单，它要求以简练的笔线来表现丰富的内容，即要充分发挥笔线的威力……在这些方面，我虽然做不到，或做得不很到，但至少也能讲得出来。能在这些方面发现问题，提出要求，这是我做老师的职责，也是我做老师应该具备的条件。在这些方面，同学们也虚心向我学习，向我求教。

由于师生各有所能，某些方面同学们比我强，另一些方面我又比同学们强，互教互学的结果，便形成了一个无形的集体老师。这个“老师”又可以说由两个对立面组成：有时我对，有时是同学们对。在教与学都要创新的共同目标下，大家便都是半斤八两，只有通过共同的探索与各自的实践，再经过大家的争鸣及总结，才取得一致的认识和共同的提高。每一个作业都通过集体讨论，各抒所见，集思广益，师生之间都感到收获很大。我从来不同意“只问耕耘，不问收获”这样的谦词，我们大家同心协力去耕耘的目的，就是为了收获。我们都获得了大丰收。这说明我们创造中国画新素描的路子走得对，“文化大革命”前的若干年的教学实践并不是毫无收获的耕耘。

大话怕计算，比方一个灯光素描的长期作业所用的时间，有的多达数十小时，而我们实践中所画的适应中国画专业的素描每个作业只用几个小时。附中的一个长期作业所用的时间，用于中国画系的同样作业就可以画十个，即十与一之比。这样，省了十分之九的时间，而收获却实际得多，而且画过几次之后，对模特熟悉的程度提高了，就可以背着模特默画了。在灯光素描的长期作业中花了几十小时之后，是否也能够背着模特默画一个出来，我估计不容易办到。因为这里边包含着中西绘画认识和表现对象的方法不同这个问题。我有过这么一次经历，大约在一九四三年冬天，我在兰州的黄河岸边画水车。由于相隔较远，弄不清它的结构，如何转动，怎样运水，画起来就无从下手；后来我涉水绕道走近，在它旁边坐了大约二十分钟，仔细弄明白它之所以会转动，能运水的原理，就不但画得出，而且记得住。现在我还能经常在山水画上面画它，这是因为我熟知它的结构。中国画素描是从结构出发，并按结构关系用笔画线，画上若干次，对象的结构和特征都掌握了，再默写出来便不难。对于中国画前述的那些特点，我写过一副对联：“真境逼神境，心头到笔头。”我是深有所感的，当然，尚未尽意。

同学们在实践中也暴露出来了中西绘画两者所需要的欣赏习惯之不

同。有的同学在最初用毛笔作素描时，也一样在现实的真实和艺术的真实之间画等号，一味追求现实的真实，追求所画对象的客观的真实。他们所习惯追求的纯客观的自然主义的真实，毕竟不是艺术的真实，这也是中西绘画欣赏习惯的一个分水岭。虽然凡绘画都讲虚实关系，但西洋画的特点是实的多，虚的少，它是以实写实，以实写虚的；而中国画则不然，强调实中有虚，虚中也有实，往往是以虚写实——这无疑是线描的提炼、概括的结果。中国画的艺术原理也在于此：艺术作品不能满足客观现实的再现，客观现实只是描写的依据；既然是绘画，必须有个艺术加工问题，有个提炼概括问题，把面变成线就是最大的概括，把实变成虚而又必须使人感到虚中有实，这是艺术加工的最高境界。当同学们懂得了中国绘画的艺术原则，加之有了实践的体验，也逐渐扭转自己的欣赏习惯，正确解决现实的真实和艺术的真实的关系，真正承认中西绘画确是不同的两个体系，因而也确认需要有与中国画专业相适应的毛笔素描了。

至于对内容与形式的关系的问题，通过创造中国画新素描的实践，老师和同学们都进一步有了新的认识和体会。起先，都把这个问题看得既片面又简单，只重内容不重形式或不敢谈形式。什么是中国画的形式美，中国画为什么好看，往往知其然不知其所以然。他们比较熟悉的是，西洋画艺术，多半建立在色彩的变化，调子的明暗，或笔触的刚柔上。这些都是绘画艺术共性的东西，中国绘画也讲。但中、西绘画各有个性和特点，中国画强调的西洋画不一定也强调，至少强调的程度不同。如西洋画讲的笔触就比较简单，不像中国画的“骨法用笔”有各种各样的笔法那么复杂，甚至笔的种类也五花八门，有硬毫、软毫、兼毫，硬的又有猪鬃，软的还有鸡颖，大小不一，长锋短锋，就和武器一样，长枪、短枪、大炮、火箭炮、手榴弹……这等于是，打什么敌人，怎么打法就用什么武器；画什么对象，怎么样画就用什么笔法。这就牵涉到内容与形式的关系问题：为了更充分表现内容，往往就考虑到用什么形式、用什么工具以及采用什么与之相应的方法。中国画在这些方面比较复杂，因为其中还包括掌握工具的种种方法。西洋人拿刀叉比拿筷子方便，中国的毛笔西洋人是掌握不好的。这是我们民族文化的大特点，也是唯我独有的优越条件。它所体现的线描，是我们民族绘画艺术形式最值得骄傲的东西。这种具有优良传统的古老艺术形式，我们怎样赋予它以新的生命而使之“古为今用”，应该就是我们今天急于着重解决的问题。这笔线，除了能充分表现内容之外，它本身也存在独立的形式美，像没有表现形象任务的书法和印章所呈现的美，运用到绘画艺术形式中，如线条组织和穿插的疏密聚散，线条倾向和运动的节奏韵律，线条起止缓急、粗细顿挫、曲折轻重、浓淡干湿的千变万化等等，便都成了民族绘画艺术形式里面的精髓。许多同学在用毛笔写模特时，都会碰到这样那样关乎艺术形式的问题。比如面对模特要提炼概括：取什么？舍什么？突出什么？强调什么？哪里要虚处理？哪里要实刻画？……这些都要在不违背客观现实的前提下根据艺术形式美的规律来抉择。因此，内容与形式的关系是互相结合、相互辩证的关系：既要求形式充分体现客观的内容，也不能不对内容加以形式美所需要的主观的提炼概括。大家于是认识到，虽然描绘的是同一的对象，但在达到客观的真实的表现之外，还必须进行主观的艺术加工，使之比现实更美、更具有我们民族绘画的美质和美感。也只有这样的求索，才能产生既富有民族风格又具有自己个性的艺术品。大家于是也同意，虽属基础课的白描，也应作这样的共同要求。

由于我们大家的目标和任务是“推陈出新”，因此通过创造中国画新素描的实践，对于继承与发展的问题的解决，要求更迫切，体会更深刻。为配合用毛笔写模特，我们尽可能搜集古今中外优秀的人物画作参考。其中如画韩熙载的《夜宴图》、李龙眠的白描、颜辉的《醉仙图》、明清两代的写真肖像，以至近代如徐悲鸿、蒋兆和、叶浅予、黄胄、方增先等的人物画，加上连环图中一些优秀的单线人物画和西洋名画家的某些用线描写的素描……这些，都是能起到参考和借鉴作用的。但这一切又都要从我们的教学实际出发，将古代人物画的优缺点、近代作品的优缺点、西洋体系的优点，都和我们自己的作业进行一番比较，一比就比出我们各自的弱点，也比出传统的不足之处和外国可取的地方。这使我们一致肯定了中国白描应该作为中国画新素描的基础，一定要认真继承，绝不用白手起家，我们需要的就是在传统的基础上谋求发展；也使我们肯定了，西洋的外来优点也必须大胆借鉴。这都是我们全系师生经历过一番刻苦的实践之后要讲的真心话。

总之，我系自从分科以来的多年教学实践，是全心全意地毫不动摇地贯彻了毛泽东同志的文艺思想和他提出的文艺方针的。通过我们的教学实践，来检验毛泽东同志的文艺理论和艺术主张，也取得了一定的经验和成果。因此，我们坚信，毛泽东同志的文艺思想至今仍然是我们美术教育和艺术创作前进的路向。诚然，过去十七年在极“左”路线的影响下，美术教育也毫不例外地受到干扰，并遭到过无辜的冲击，但还应该说，主流是好的。由于我自己一直坚持参加了中国画系的教学工作，经常有机会和同学们在一起，每次下乡实习，许多时候也少不了我。我们下去不管到农村或工地，师生在一起都是一个整体。我经常在生活上得到同学们的照顾，有点小病就会得到他们无微不至的关怀，同学之间、师生之间都表现出一种互助互爱、互教互学的精神，体现出社会主义学府的新风，团结成为一个新型的“尊师爱生”的集体。五十年代我曾和中南美专的同学一起下乡实习到过醴陵农村，也到过武钢工地。六十年代曾为广州美术学院中国画系毕业生的创作在湛江堵海工地参加了一段时间劳动，回来后除每个同学完成一幅毕业创作外，我还和一起下去生活的师生合作画了一幅反映堵海工程的大画叫做《向海洋宣战》。我们当时在湛江堵海工地生活在一起达三个月之久，同学们和工地的民工一样从事重劳动，有时还顶着风浪搬运石头出海，同学们一直与民工“三同”，和他们打成一片。这段生活实践常常挑引起我许多美好的回忆，当时的生活条件虽然比较艰苦，碰到很多困难，但大家都精神抖擞，碰面总是乐呵呵的，从未听见有谁叫过苦，回来后还立即投入到创作实践中去。在创作过程中，同样发挥出集体的力量：缺什么素材，就有人无私地提供出来互相支持；有什么见地，都毫无保留地畅所欲言互相启发。这段时间从生活实践到创作实践的气氛都是热腾腾、喜洋洋的。在这全过程中，大家也同心合力使中国画专业的科研工作、教学成果以及创作实践取得了相当大的效益，这是全系师生辛勤劳动的结晶。我受益其中，正是“百花深处无遗我，众里鸣声有和音”。而现在，这一段极其有意义的生活与创造的“教学相长”的战斗历程，已经成为过去。在“十年浩劫”也同样过去了的今天，我不愿再见到中国画系这整段起于创造新素描、旨在完善新体系的业绩功亏一篑。我相信：真理是冲不垮的。为真理而继续服膺于时代赋予我们的使命——为社会主义的新中国画的发展，为世界绘画艺术宝库不断作出新的贡献而勇于实践、肯于接力的人，是一定可以实现他们的理想的。

［原载《美术学报》（广州美术学院建校三十周年纪念专刊）1983年总第5期］

难忘的友谊　难得的同行

——在南京傅抱石逝世二十周年纪念会上的发言

一、一次愉快的合作

过去我和抱石兄接触不多。抗日战争年代，他在陪都重庆中央大学和国立艺专教书，我正在西南、西北各地流浪写生。当年我在重庆举行画展，他每次都来看，彼此虽有接触，总是短暂的。五十年代以后，他在南京工作，我的工作岗位在广州，除参加一些全国性和文艺有关的会议，难得见面一次。

一九五九、一九六一两年间，因有奇缘，我们曾有过两次难得的共事机会。一次是《江山如此多娇》巨幅画的合作，另一次是一同应邀赴东北旅行写生。两次都来之不易，都较有成效，这是由于我们各自的主观因素和一定的客观条件在起作用。

主观因素和客观条件到底是什么呢？

我认为主观方面首先是有着共同的基础，即时代的脉搏与传统的根基、“笔墨当随时代”的共同观点和“为人民服务”的共同愿望。

《江山如此多娇》曾写过创作总结，现在回过头来想，写得还不够深刻，至少有一点未总结出来，即整个创作过程既要求保持各自的风格又必须协调统一整幅的画风。我们过去未曾合作过，对此委实有点担心，生怕由于合作不好而完不成任务。在四个多月的创作过程中，大家都从全局出发，从效果考虑，发扬各自所擅长，尊重对方的优点，互相学习，取长补短。在一致的目标下，我们都能自觉地在合作的全过程中甘当对方的助手，乐于做对方的配角，又务求保持自己的风格与特长，全力以赴来对待这项严肃而又艰巨的任务。

在客观条件方面，首先是有了一个新中国，才会有一座这样宏伟壮丽的人民大会堂，然后才需要《江山如此多娇》这样一幅大画。无疑这是时代的赋予，才有艺术的新生；我们有幸生活在这样一个伟大的时代，才有幸接受这样一个光荣无比的任务。

我们又如何对待这个有绘画史以来还未有过的光荣的创作任务呢？在合作过程中我深刻认识到：要完成这样艰巨的任务，纵使我们之间都具有可取的主观因素，而没有一定的客观条件，是绝对不可能的；甚至缺少客观条件中的任何一个组成部分的配合都会完成不好这个重大的任务。

一开始，这幅巨画就明确了是以毛泽东主席《沁园春·雪》为题材，主题是《江山如此多娇》。当时我们两人都分别根据词的内容来打草稿，可是几次的草图观摩都说明抓不到要领，更说明受水平所限，要突破这点深感穷思乏力。正当我们苦思冥想之际，陈（毅）老总来了，郭（沫若）老也来了，还有吴晗、齐燕铭。他们在审稿过程中提出了非常宝贵的意见，使我们大受启发，大展情怀。我们老是在词的具象上兜圈子，他们却都在意象上提问题。陈老总、郭老异口同声、一针见血地提出要立“意”。陈老总认为，“江山如此多娇”嘛，应先抓一个“娇”字。怎样才能体现江山之“娇”呢？他一口气说出图中一定要包括“长城内外”“大河上下”。还要见滔滔东海、皑皑雪山和郁郁葱葱的江南大地。地理包括东西南北，季节概括春夏秋冬。只有这样才能“娇”得起来，才能充分体现出“娇”的本质，又烘托出“多”的磅礴气势。我们一面细心倾听，一面掀起思考的波澜，确然一时豁然开朗。抱石兄思路比我来得快，接受能力比我强，体会也比我深，因而能想到另一层境界去，紧接着提出要不要出个太阳？要不要出现人物？出现什么人物？这时郭老说话了：“毛主席《沁园春·雪》作于解放前，所以说‘须晴日’，现在是解放十周年了，还不出太阳？”郭老主张画上东升的太阳！在座其他同志都同意这个意见，又都不主张出现人物，觉得有了人物可能伤害意境。我们根据以上的意见，进行了反复的研究讨论，一再修改草图。幸亏我们平日都有一定的生活积累，改起草图来较能得心应手与协调统一，使“金陵笔”和“岭南风”能在这幅巨画上融为一体。但必须指出：主观因素再强，如果没有客观条件的促进，这样艰巨的任务肯定是不可能完成的。

四个多月过去了，我们是夜以继日坚持下来的，有时星期天也不休息。当年的九月中旬，基本上把作品赶了出来，当成品挂到人民大会堂现场请周恩来总理审定时，我们的心情特别紧张，因为当画幅挂到现场之后，我们看了也觉得不够理想，只好带着不安的情绪等待着总理审阅的结果。正在想着等着，陈老总陪着周总理来了，我们立刻上前去迎接，总理一面和我们握手一面表示亲切的慰问：“你们辛苦了！”“没想到你们都还很年轻啊。”说罢立刻登上汉白玉台阶凝神看画。他曾上下阶梯多次，还爬到画的左右两侧的最高处反复地看，又下来上下左右从每个角度过细地看，就这样认真地审阅了将近一个钟头。然后当着大家发表他的意见：“我和陈老总的意见一样，都认为画得好，我们都感到满意，画得很有气势嘛。”接着又说：“不过……我觉得画幅小了些，必须加宽加高，最少要加宽两米，加高一米（原尺寸宽七米、高五米半）；太阳也太小了，和建筑一比就显得不相称，最少要加倍地放大。”意见说完又叮嘱我们几句：“时间不多了，画要改好，但要注意身体健康啊。”画一直赶到九月二十九日晚才装裱完毕悬挂到人民大会堂去。画刚挂好，就接到从外地送回主席亲笔的四幅“江山如此多娇”。为什么他要写四幅字条呢？原来他老人家事先在四幅字里的每个字旁边都用铅笔画了圈圈，有的一两个圈，多的就有四五个圈，他写四幅的用意就是要我们从中挑选适合画幅的“江山如此多娇”六个字。我们便按照他老人家画圈多的挑选来用，请张正宇同志放大描画到画面上去。这时，才算任务最后完成。

我在这里说了一通以上的全过程，目的有两点：第一点是说明任务的完成要靠各方面力量的支持和配合；第二点是想谈谈感受。从我现在所忆及的一切，好像做了一场梦。因为我和抱石兄都来自旧社会，很难忘记过去在旧社会做一个穷画家的苦难遭遇，这种亲身体验很自然地会产生一种美恶与新旧的对比。像以上所说的动人情节和场面，上与下、主观和客观打成一片的融洽关系在旧时代是不可想象的。作为一个从事绘画的旧知识分子能这样受到重用和尊重，得到这样无微不至的照顾与关怀，有生以来第一次接受这样的重托及殊荣，叫我们怎不怀念、怎能忘掉呢？

二、志同道合，亦师亦友

我和抱石兄的另一次合作是心情舒畅的旅行写生。由于我们的奋斗目标一致、生活情趣相近，所以一直都相处得很好，真正做到在思想和业务上互相帮助，在生活上互相关心，有困难时又互相体谅和照顾，特别在文艺思想上，的确能够无保留地互相争鸣与交流。因此，我们逐渐建立起“能者为师”的情谊，成为了志同道合的战友。

创作《江山如此多娇》巨幅画时，我们一起生活在前门的东方饭店，休息时曾一同游公园，或逛逛琉璃厂。由于住地接近琉璃厂，我们去的次数比较多。不论是旧纸旧墨，或是其他文房用具、民间工艺、出土文物或古本线装书，都是我们的猎物，很少空手而回，各人都要夸耀一番自己的收获。在不影响工作的情况下，古字画店的老板，也经常把有价值的古字画送到东方饭店来，让我们挂在自己的卧室里慢慢欣赏，从容精选。因有此便利条件，我们都选购了不少名家作品。我还为广州美术学院中国画系选购了一些有教学参考价值的古画。看字画也好，鉴赏古文物也好，抱石兄的经验都比我多，修养比我高深，鉴定能力也比我强，几个月来在这方面我向他的确学了不少东西。我不觉得这是玩物丧志，却深深体会到这是一种很有意义的学术研究和艺术分析的学习，既可增长知识、提高修养，也可在业余生活中添补情趣，获得不一般的美的享受。

一九六一年六月至九月，我与抱石兄应邀同到东北旅行写生，先后访问了吉林、黑龙江及其省会哈尔滨。中央新闻纪录电影制片厂派了摄制组和我们一道到了长白山、镜泊湖，为我们拍摄了纪录片。我们在东北的行程分三段，走一段停一段，停下来是为了反刍、消化，及时把搜集的素材整理出来。三四个月来，我们都画了一批写生画，并曾在北京展出观摩，后来由辽宁美术出版社结集出版。在出版前言里，抱石兄写道：“在写生、创作上，我们也有若干点滴体会。在近四个月的共同活动中，只要有所感的话，就随时把各自的意见提出来交换、研究，有时候争论争论，这是我们认为最有意义的一点。……因为我们是形影不离的，不是‘望衡对宇’，就是‘闭门而居’，一幅未竟，往往几次丢下画笔坐拢来议论一番，互相琢磨、互相帮助，所以就我们每个人来说，这段生活也是不可多得的。”从这段话看来，显得抱石兄很谦逊，也很恳切。旧时代的所谓“文人相轻”“同行如敌国”，在我们之间是不存在的。由于我们的关系是建立在共同的事业上，我们是志同道合的，情谊是真挚的，胸怀都是坦荡的，因而我们互相之间的亦师亦友的关系是永恒的。

三、艺术生命常青

抱石兄不仅是一个有较大影响的名画家，而且是一个有比较全面的修养的学者，又是一个美学教育家。他对中国美术史很有研究，能诗，长于文辞，又是一个不大被注意的金石家，他的用印大部分是自刻的。他在日本留学时，就靠刻印换来的酬劳维持生活和交纳学费。他喜欢喝酒，刻有文曰“往往醉后”的图章，意思是说他作画先求取势，往往借酒后的醉意大笔一挥。他在艺术表现手法上善于解决矛盾的统一，如在行笔上的刚柔、粗细、快慢、浓淡、干湿等，能做到“违而不乖，和而不同”。我特别佩服他的粗笔山水配上细笔人物，画山水时自由奔驰，龙飞凤舞；景中人物画得那么严肃精巧，天工细腻，这无疑是大胆与细心的矛盾统一所取得的艺术效果，是他的艺术受到欢迎的一种秘诀。他在自己的作品上题款与盖章都很讲究、很认真，绝不马虎；认为那是作品整体的一个组成部分，只许相得益彰而成为有机的组合，绝不能成为佛头着粪的瑕疵而破坏整体。所以他经营题款的位置、多少字的安排、大小字的设计，都非常妥帖。至于用章的位置、大小、朱白文和风格、式样等等，也都有相应的考虑，无不合乎美的规律，达到完美的整体效果的要求。当然，这些不是他的发明，而是我们民族绘画艺术的优良传统，抱石兄非常尊重这些可贵的传统，所以在自己的艺术实践中不但继承了，而且发展了它。

总之，抱石兄的作品能饮誉世界，绝不是偶然的。他的艺术成就不但为国家争了光、为人民争了气，也为丰富世界的艺术宝库作出了贡献。我们在纪念他逝世二十周年的同时，还要学习他。学习他的治学精神，学习他对待艺术事业的严肃认真的态度，并继承他未了的遗志，正是“赢来文艺春天好，遗憾耕耘少傅公”。愿我们的新中国画更加繁荣昌盛，立足本国，面向世界，使我们的艺术成就和抱石兄的一样，在世界画坛上为国家争光、为民族争气。祝愿抱石兄的艺术生命常青、精神永在！

一九八五年

重睹丹青忆我师

《高剑父画集》由岭南美术出版社出版了。作为高师的学生，我对此既感兴奋，又欣慰，因为这也是我多年的冀望！

在选编这本画集的时候，我重睹恩师遗稿，不仅感到异常亲切，而且睹画思人，想起四十多年前负笈随师学画的岁月，高师的颜容声欢，历历如在目前，心里头不禁肃然怃然，激动不已。

我永远也不会忘记那个独得高师垂爱的幸福时刻——一九三六年。我得到一位同学的帮助，冒名顶替进入中山大学听高剑父讲课。一天晚上，我们全体同学正在聚精会神地临摹高师的画稿，突然我发觉个子矮小、神态严肃的老师走到我身旁就站着不动了，我顿时感到局促不安。因为第一，近几天老师有的画稿被人偷走了，正在追查；第二，恰好我又是冒名顶替混进来的，不知会不会被看作“嫌疑分子”。可是，当我坦然回答了他的提问，当他了解我是一个穷教师，未曾受过专门的绘画训练，想学画又交不起学费时，他却非常高兴，主动准我免费，叫我到他主办的春睡画院学画。这个颇有戏剧性的情节，别人看了可能以为不过是件小事，然而却影响了我的一生。我从小就喜欢画画，苦无学习机会，更乏良师指点。记得我在乡间念初级师范时，曾见过高剑父先生的画，虽然是一些印刷品，却可说得上“一见倾心”。后来到广州念书，我才有机会看到“春睡画院师生画展”，有机会到裱画店去临摹，这里看到的是高剑父的原作，看的机会也很多，对他越发崇敬，心里早就萌发“但愿一识韩荆州”的念头。如今果如所愿，能够追随高师左右，得到他的谆谆教导和循循善诱，从此，我才真正走上了绘画艺术的道路。一九七九年高师诞辰一百周年的时候，我写过一首纪念诗：

少小涂鸦学步时，
彷徨歧路遇恩师。
曾忧泉水出山浊，
砥砺终生幸自持。

诗的前两句，写的就是上述那段经历。我的遭逢，最生动地说明了高师对后辈的关怀爱护。每当他发现可堪造就的人才时，他就不胜欣喜，着意栽培，倍加器重。他常常对我们说："你们学我的画，可不要完全像我；要创新，要超过我——出于蓝而胜于蓝。"正因为他提出这样的要求，所以，我们同学之间的画，风格没有一个相同的。一位已经驰誉画坛的大师，对寂寂无闻的后学如此苦心培养，并且不怕他们超过自己，其心胸何等博大！

我永远不会忘记那个拜别恩师，走向生活的场面——一九四〇年暮春，日本军阀铁蹄横跨神州，烽烟四起，哀鸿遍野，国难日深。我随高师避难澳门，在普济禅院蛰居学画两年，此时我想到祖国危难，想到寄居于殖民地，确实无法再忍耐下去，决计离开老师，到战地写生，宣传抗日。临行之际，高师以"出山泉水浊"告诫，意思即怕我"出山"后改行别业，弃绘事逐利追名。江干话别，语重心长，使我永世难忘。上面那首纪念诗的后两句，抒发的正是我对高师依依怀念、景仰砥砺之情。高师，一个生活在人情冷暖、世态炎凉的旧社会的艺术家，不为名缰利锁所缚，不与庸俗势利同流合污，独若清泉，出污泥而不染，何等高洁！恐怕正是这种高洁的思想、正直的风骨支持着他，使他成为一个真正的艺术家，有崇高的艺术抱负和理想追求。

高师对自己的艺术主张始终是坚定不移的，创作态度是非常严肃的。他早年受二居（居巢、居廉）的影响，提倡写生。后来他鲜明地树起"新国画运动"的旗帜，提高鲜明的艺术主张。他要求中华民族的国画传统应有个新的发展而走他面向现实、反映现实的艺术道路；在艺术形式上，他主张"学古而不泥古"，学外来的理论和技术为的是丰富和发展自己；在创作方法上他反对陈陈相因，反对抄袭和摹仿；在教学原则上，他要求“出于蓝而胜于蓝”，还要学生各自出新，画出各自的面目，创造出各自的风格。总之，他主张：不管采用什么形式，都要力求作品具有民族特点和时代精神，即有艺术性又要大众化，即要做到“雅俗共赏”，是新的中国画。高师用他的毕生实践证明了自己的主张的正确，从而使广大读者公认他是披荆斩棘的开拓者。

作为新国画运动的先驱者高剑父先生，在上述诸方面的探索自然是个楷模。我有幸曾为他展纸磨墨，负笈下乡，对他如何使生活变成艺术，即从写生到创作的实践有具体的了解。他的创作态度固然是非常严肃的，可以说是一笔不苟，然而他的革新精神却是异常大胆的，几乎每画都要求出新。他有一句画论“大胆落笔，细心收拾”，可以概括他的作画经验。这本画集里的《南瓜》，我就曾目击它的创作全过程。这幅画最可贵处，是富有新鲜感、亲切感。它不是一幅标本挂图，也不是基本练习的写生稿，而是一件创作，而且是艺术性很高的艺术品。它有笔有墨，有形有神；粗中有细，粗细统一；强弱笔触与冷暖色调协调和谐，使人感到有韵律感、节奏感；感染力强，耐人寻味。

《南瓜》是一九三八年夏在四会创作的，那时高师带我们到四会农村写生。在创作这幅画之前，我见他画了大量的南瓜写生，这是他形成腹稿的先决条件，是他酝酿构思的依据。他曾说过，不但“收拾”时心要细，初打腹稿时也必须反复推敲：如何表现、采用什么手法，才能更概括、更形象地体现出画面的势与质。为此，必须要求做到“成竹在胸”，多加考虑又多倾听别人的意见。他又说过，落笔时必须做到心中有数，“知彼知己”，才能百战百胜。如在战场上与敌人你死我活地血战搏斗一样，优柔寡断，心慈手软，是要打败仗的。特别是中国画下笔后改动不得，要求笔简而意繁的表现力，要求下笔准而狠，因而，“胆识”很重要。有识才有胆，心里有数才能生出胆量来。《南瓜》一画正是由于在动笔前掌握到了足够素材，又经过一段时间的充分酝酿，因此，能在数十分钟内把主要的内容一气呵成画出来，并且能够做到画瓜藤时如狂草书法一样的龙蛇飞舞，画瓜叶时只用排笔横挥几下就概括了出来。至于凡能在用笔上用功夫的地方，如瓜藤丝和花蕾蒂的细节，也不轻易放弃笔墨的威力。为了充分而细致刻画花果部分的质感、空间感和体积感，除了大胆采用简笔没骨法外，还反复运用了细心描绘的撞粉、撞水和渲染法。《南瓜》这画篇幅并不大，内容也较简单，但制作过程并不简单；尺幅之内，已足见高师严肃认真的创作态度和创新精神，也足见他具有丰富而深厚的技艺修养。众所周知，为了出新的艺术效果的需要，他最善于借重工具的表现力：为运用撞水撞粉法而采用矾宣或者半生熟的豆腐宣；为方便渲染而使用排笔；为适应熟纸的性能而多用硬毫长锋；为充分表现主题思想和景物的空间和气氛而多用渲染法。这些，在这幅《南瓜》小画中几乎可以概见。

上面所举画南瓜的例子，只是说明高师在创作上如何把生活变成艺术的实践程序和技法上的一些问题。这种有血有肉的艺术实践是来之不易的，对我来讲也是非常受益的。同时，我慢慢认识到，我从高老师身上学到的，更重要的是他如何做人，如何做一个有出息的艺术家。他早年追随孙中山先生闹民主革命，他早就具有革命的思想。他不是为了要搞一个什么画派，“岭南画派”的称号是别人给的。

他为了在艺术上体现他的革命思想，他后来一心一意倡导国画革新，搞新国画运动。在艺术上，他主张“笔墨当随时代”；主张反映现实题材；反对食古不化的保守思想。他主张继承传统，但目的是为了发展传统。例如他提倡搞新文人画、新宋元画，明确提出要继承和吸收文人画写意和宋元画写实的各自的优点与特点，汲取并发扬前人写实与写意的表达能力，用来更好地抒发时代的情怀。其中最可贵之处，就是他那种浓厚的爱国主义思想，他把弘扬和发展祖国民族文化的优秀传统，看作是一项无上光荣的神圣事业，往往以此为骄傲，引以为自豪。抗日战争年代，他深感“国家兴亡，匹夫有责”，主张以画笔为武器，带动我们画抗战画，这无疑是“笔墨当随时代”的最具体的实践。我当时举办的抗战画展，正是在他的指导思想下变为现实的。我至今尚能坚持中国画追随时代的新路向，无可否认，和高师对我的启蒙教诲是分不开的。

一九九一年七月

赢来难得晚晴天
——我的自白

新中国成立后，中国人民站起来了，我也光荣地成为国家的主人。我的艺术也从此获得了新生：使我更明白了“为什么画画”“画画为什么”的人生观与艺术观。改革开放以后，我又庆幸地赢来了难得的晚晴天。因为这期间是我从事艺术实践最理想的十年，也可说是我创作热情最高、产量较丰盛的十年。

我们要建设有中国特色的社会主义。我们是从事社会主义精神文明建设的，虽然我们不敢说自己是人类灵魂工程师，但不必妄自菲薄，我们的作品都影响着人们的思想、道德、审美趣味，都是要接触灵魂的。因此，都得考虑自己灵魂是否干净，自己的精神产品是否适应为人民服务、为社会主义服务的需要。对此，不能不使我对自我改造的重视，从而加强了自己的责任感和使命感。

近年来有不少评论家在议论着“中国画的危机”和“中国画的末路”。我是长期从事中国画教学实践和创作实践的，对此不能不引起我的深思。如果认为具有传统特色的中国画是一种前进中的枷锁，或是前进中的绊脚石，而让其“全盘西化”了；或抛开生活源泉的依据，只要自欺欺人的杜撰，或急功近利的胡作非为，这样的结果，势必是中国画的一种“危机”，还必将导致它的“末路”。这是一个严肃的原则问题，因为事关炎黄子孙的灵魂和中华民族的精神支柱，我们能对此无动于衷吗？能放弃我们从事精神文明建设的“继往开来”的神圣职责吗？我们一定要弘扬中华文化，因为我们的中华文化有几千年的传统历史，在世界上具有雄厚而独特的优势，也是炎黄子孙的一种爱国主义教育的凝聚力。在建设有中国特色社会主义的今天，我们应使之发扬光大，并用以为国争光、为民族争气。

过去我一直是从事中国画教学的，曾是院校领导成员之一。那时因怕荒疏了业务，故在教学工作中，争取多点机会和同学们一道在课室里进行“古为今用”“洋为中用”“推陈出新”的研讨和实践，并经常有机会和同学们一道上山下乡深入生活从事写生和创作。因为每个同学的基础不一样，经历、性格不同而理解感受也有差别；有时同学的接受能力比我更快更强，而实践的效果比我更好，因而使我从中得到不少新鲜的感受而受到不少有益的启发。当时在这种“能者为师”和“教学相长”的氛围中，学生一般是“尊师重道”的，执教的也是能放下老师的架子的。教与学之间很和谐。但是，当时对中国画的绘画传统是不够重视的，或者说是虚无主义的。解放初期的美术院校没有中国画系，只有绘画系，而绘画系学的课程很多，有素描、水彩、油画和水墨画等。而水墨画课只设有单线平涂的年画，使许多原来从事中国画教学的老师因之失去了“用武之地”，只好靠边站。当时是对传统文化虚无主义在作怪，绘画系的分科是以工具材料来分界的，所以用彩墨工具的就叫彩墨画，哪里还有什么“古为今用”“洋为中用”“推陈出新”而使之“继往开来”的概念呢？我想当时如果不是及时地把“彩墨画”课改为中国画课，并进一步分设独立的中国画系，从而使中国画教师受到尊重并调动他们的积极性，早就导致了中国画的“危机”与“末路”了。

“文革”后，由于我离开了教学岗位而失去了“教学相长”的良机，只好集中精力来搞我个人的实践。近来感到年事已高，总想抓紧时机多做点力所能及的艺术实践，于是拟了一个《祖国大地组画》的创作计划，并打算每年最少完成一两件这样的作品。过去虽然有过不少生活的经历，从“长城内外”到“大河上下”，从“塞北江南”到“大洋海疆”，都有一些生活积累，可作组画创作的依据；但对改革开放以来的实际，总想趁能走动时多点接触，多看看各地山河的新貌。我作画，都是有感而发，深入生活也注重感受。我觉得，即使是同一座山、同一条水，时代不同，大小环境不同，心境不同，登临时的感受也是不同的。抗日战争年代的一九四一年，我第一次到山水甲天下的桂林时，曾花了几个月时间画过一幅手卷叫做《漓江百里图》。直到半个世纪后的一九九一年春重游桂林时，山河变化虽然不很大；但在感情上却与抗战年代的心境大不相同，时代气息也大不一样，因有实感而重画了一幅长卷叫做《漓江百里春》。下面是当时写的两首七绝的即兴诗和一首咏“百里春”的题画诗：

（一）

忆旧溯源访桂林，墨痕笔迹泛舟寻。
芦花渔火橹声梦，撩起当年游子心。

（二）

艺海征途无际边，时光易逝似流川。
丹青又染漓江水，试写新妆换旧篇。

（三）

赤子之心国土亲，山河秀丽动情真。
茅庐初出迷阳朔，巴蜀西行醉岷津。
边塞长城寻画稿，五湖四海扑风尘。
难忘旧梦漓江水，又写新图百里春。

近年来为了实现《祖国大地组画》的创作计划，深感不能没有海疆的西沙，更不能缺少邻近的福建（祖国大地除了西藏、福建、台湾几省区外均留有我的足迹）。一九九二年，我年届八十的时候，实现了西沙行的夙愿。我能实现西沙之行，十分感谢当地海空驻军的协助与帮忙，特别安排我乘直升机空游西沙，奇观妙景，使我留下难忘的印象。今年五月又实现了福建之行，先后游览了福州、泉州、惠安、厦门和鼓浪屿，使我大开眼界，大拓胸怀；特别是畅游了东南奇秀的武夷山和乘木筏漂流九曲溪，更引我入了如醉如痴的梦境之中。西沙、福建游归，即根据两地的新鲜感受画了反映西沙的《云龙卧海疆》和反映武夷山的《漂流伴水声》两幅作品。为了补充两画未了的情意，都赋有题画诗。

下面抄录了两地畅游的吟唱和两图题画诗：

西沙行二首

空际游

椰风晨起百花香，三亚南飞逐太阳。
凌驾云端探奥秘，遨游碧海浴春光。
欢呼砥柱护安土，仰止英雄镇海疆。
八十奇缘还夙愿，天高海阔任翱翔。

石岛观日出

号声早起看朝霞，晨爽椰风鸟影斜。
南海长城卫圣土，战壕堡垒固西沙。
开胸旭日云层出，逐浪心潮兴倍赊。
画叟还童观妙景，抒怀但愿笔生花。

题《云龙卧海疆》诗一首

山河锦绣我中华，古国文明载海涯。
群岛颂歌光大陆，长龙镇海接朝霞。

武夷行二首

（一）

人生似梦醉痴多，无病呻吟撰必讹。
穷目天游为搜稿，风光远眺更嵯峨。

（二）

武夷景物世人夸，处处奇峰处处花。
行筏漂游多野趣，岫云飞翠是岩茶。

题《漂游伴水声》诗一首

万里行踪寻梦境，一山一水尽含情。

江南塞北天边雁，绿色长城海岸兵。
叶茂根深榕荫曲，松苍竹翠石溪清。
武夷险径多奇景，最恋漂游伴水声。

在实践中，我深刻地理解到实践与理论的密切关系，即实践离不开理论，理论也离不开实践。如果实践没有一个理论的指南，就会失去了前进的方向。理论没有实践作依据，也会导致唯心主义的想入非非或狂妄的空谈。我们是坚信历史唯物主义的，是坚持唯物辩证法的。对此，首先必须具有明确的立场、观点和方法，从实际出发，实事求是地去对待实践。

在创作上，我深刻体会到生活的重要性。创作没有生活的依据，等于“无源之水”“无米之炊”。在创作实践中我也深刻体会到艺术形式的重要性。过去曾有过只讲政治内容而忽视了艺术形式的偏向。好的、健康的、有教育意义的内容，必须和尽可能完美的艺术形式的统一，才是我们所追求的好作品，千人一面、标语口号的东西，或在内容上只是纯客观的自然主义的描绘，这样的作品，既无艺术的感染力量，也是没有艺术价值的；但同时也要防止只讲形式而不重内容的另一偏向。因为绘画是造型艺术，是讲形象思维的。中国画强调“以形写神”和“形神兼备”。是从现实到浪漫、具象到抽象的。有些所谓“先锋”的或现代的新潮派（指的不是勇于进取的先行者），既不讲生活内容，也不讲艺术形式，只用“自欺欺人”的魔术般的特技手法来卖弄所谓“笔墨”，这种投机取巧、急功近利的欺世盗名的不正之风，如果在中国画教学上也受到宣扬与传播，只能把学生引入歧途而误人子弟。我觉得优秀的传统文化一定要认真继承，外来好的、有用的一定要大胆借鉴，目的都是为了使中国画得到新的发展，得到有效的弘扬。

真、善是美，假、恶是丑。但真、善的内容也必须具有完美的艺术形式，才能真正达到“美”的艺术效果。内容和形式都是客观“外因”的条件。至于怎样选用题材、怎样运用形式，都是通过作者的“内因”起作用，即如何运用艺术形式的手段来加强题材内容美的感染力量，都得取决于作者的立场、观点和方法的“内因”。因为反映生活不是现实生活的直观再现，而要使之更加集中、概括、典型、提高……使之比现实生活更美。所谓“借景抒情”，写景只是手段，抒情才是目的。至于抒发什么样的感情，则取决于作者对描写的对象的态度。创作实践的过程是充满了矛盾的过程。至于如何达到矛盾的统一、对立的协调，如怎样使现实的和浪漫的结合，具象的和抽象的统一，都不能离开艺术美的规律性，更不能离开辩证唯物论的科学性。这一切解决矛盾的是辩证关系，都是由作者的“内因”来主宰的。是由作者自己的立场、观点、方法来掌握自己的艺术命运的。只有这样，才能把矛盾统一于主动地位，才能获得艺术创造的真正的自由，才能由必然王国达到自由王国。我认为这才是创作的大道，才是创作的新天地。人总是要老的，这是不可逃避的客观规律，但我愿借助苦中有乐的艺术实践来保持或充实我的艺术青春，并希望多活几年，能多画几幅《祖国大地组画》的作品。

我这次能把近作在首都北京面世，至为庆幸！首先得感谢主办单位的照顾，老友们的关怀与支持，使我有机会向广大读者作一汇报，目的是为了听取服务对象的批评，藉此得到提高，有利再进，以期达到我这次展出的唯一心愿！

改革开放以来，文艺思想得到了解放，解决了许多新问题，也出现了一些新情况。窗户打开了，苍蝇蚊子飞进来了，伤风感冒也是难免的，但从此也增强了免疫力。我特别高兴地听到或亲眼见到中国画队伍中涌现了许多新人，不断出现无数的令人鼓舞的崭新的反映时代精神而富有个性的好作品；全国各美术院校在中国画教学上也培养了大量德才兼备的优秀人才，并使传统绘画“继往开来”的前途大有希望，从而加强了我艺术实践的信心和决心。邓小平同志说过：“人民需要文艺，文艺更需要人民。”人民是我们的母亲，我们都是国家的主人，我愿追随中青年作者一道，为使文艺作品适应有中国特色的社会主义“二为”的需要共同努力，并愿为弘扬中华文化及推动爱国主义教育的凝聚力献出我的余生。

下面是自励长律二首，借作自白的结束语。

（一）

艺海征途年复年，航程到老际无边。
曲高和众魂中美，雅俗同欣墨结缘。
借鉴创新凭定向，开来继往好扬鞭。
情思有寄心胸广，风正帆悬鼓浪前。

（二）

天南地北历风尘，塞外海疆为探真。
上下古今寻胜迹，波涛雨雪铄精神。
砚边创造真和美，纸上耕耘甘又辛。
有幸生逢多善日，天公赐我笔留春。

一九九三年十一月于羊城

【补记】

爱妻李秋璜（小平）为我的艺术事业操劳了一生，在筹备这个画展期间，她突然于一九九三年十一月二十六日不幸逝世。为了纪念她，乃决定在这次近作展的展品中，增添展出几幅解放前的旧作烛敦煌临画，因为这批临画都是她亲自秉烛亮光协助我完成的。遗体告别时，友人怕我动情不让我前往参加，只好题了“敦煌烛光长明”六个字作为送其仙游的寄意。即表示决心今后仍在她的烛光之下完成我毕生未了的艺术事业，以实现她对我遗下的期待，用以报答她说不尽的恩情。

一九九三年十二月三日

Ⅲ 诗选

重游海南岛有感（1983年9月）

尖峰岭麓雾云轻，小鸟啁啾朝涧鸣。
村女溪边欢濯曲，学童窗下朗书声。
热林郁郁碧如海，流水潺潺洁似冰。
处处秋光添画意，更撩墨客苦吟情。

1983年9月于海南岛尖峰岭山麓客舍

高师赞（1985年10月）

学古非泥古，自然莫活吞。
借来须善用，立异在更新。
笔墨随时代，山泉保洁真。
谆谆遗教在，画艺葆长春。

西沙行感赋（七首）（1992年3月29日）

（一）

土长土生土有缘，出生地利长南边。
忠良史册光日月，贤哲经文亮苍天。
川远山高多圣迹，地灵人杰有流源。
丹青力搜山川美，梦补西沙足旧篇。

（二）

为谱山河师造化，西沙夙愿久情赊。
尖峰岭上看绿浪，海角天高望碧涯。
野鹿回头穷去路，孤鸥展翅入朝霞。
老年尚健动情笔，探胜难忘岛上花。

（三）

庆生八十接猴年，回首征途似逝川。
潮汕特区开眼界，西沙国土达疆边。
壮观澎湃海门浪，遥望苍穹南亚天。
领海为题留笔迹，空航探胜谱新篇。

（四）

空际游

椰风晨起百花香，三亚南飞逐太阳。
凌驾云端探奥秘，遨游碧海浴春光。
欢呼砥柱护安土，仰止英雄镇海疆。
八十奇缘还夙愿，天高海阔任翱翔。

（五）

石岛观日出

号声早起看朝霞，晨爽椰风鸟影斜。
南海长城卫圣土，战壕堡垒固西沙。
开胸旭日云层出，逐浪心潮兴倍赊。
画叟还童观妙景，抒怀但愿笔生花。

（六）

领海颂

石岛日升东，南疆海上红。
忠魂铸国土，领海立威风。

（七）

向岛上驻军致敬

为国离家乡，心中有太阳。
雄风安领海，一株定南疆。

1992年3月于西沙
发表于1992年3月29日《羊城晚报》

香港回归感赋（三首）（1996年4月）

（一）

家国兴亡谁无责？土生土长爱相亲。
长征抗战齐救国，过海漂洋浪谋生。
斩荆披棘常历险，殖民得庇也酸辛。
主权自握华人福，香港回归天下春。

（二）

炎黄业绩五千年，道德文章史册传。
兴国蓝图跨世纪，东风尽扫殖民烟。

（三）

外患内忧黑暗日，炎黄子孙盼晴天。
醒狮怒吼翻天后，又庆香江归国年。

1996年4月于珠江南岸
发表于1996年第6期《中流》

抗洪感赋（二首）（1998年秋）

（一）

狂涛骇浪从天泻，处处波澜灾抗洪；
举国军民凝聚力，惊天动地爱心同。

（二）

风雨雷霆同一舟，红旗掌舵握千秋；
干戈斗志跨世纪，否去泰来天道酬。

艺海新天颂（2000年5月23日）

文明祖国逢盛世，道路方针向更坚。
艺海风帆实践鼓，追随时代笔行先。
为国为民千秋业，生活源流不息川。
今日迎来新世纪，风骚尽领庆龙年。

附 录

关山月艺术年表简编（1912—2017）

1912年（出生）

10月25日（农历九月十六日）生于广东省阳江县埠场镇那蓬乡果园村，父亲关籍农为其起乳名“应新”。

1918年（6岁）

在阳江九乡私塾读书。

1919年（7岁）

开始收集小画片、门神画、地图等来临摹。

1920年（8岁）

继续在乡间读书。

1921年（9岁）

到父亲任教的阳西溪头中心小学读初小。

1922年（10岁）

随父转去阳西织篢小学就读，改名关泽霈。

1925年（13岁）

到平岗圩平岗小学读高小。

1928年（16岁）

考入阳江县立师范学校读初中。

1929年（17岁）

就读于阳江县立师范学校。

1930年（18岁）

同时考上广州的三所学校，父亲只准入读免费的广州市立师范学校。

1931年（19岁）

利用假期回阳江用笔名“子云”举办个人画展。

1932年（20岁）

画人物画《抗日将领马占山》和花鸟画参加校庆画展。

1933年（21岁）

市师毕业后，在广州市第九十三小学任教，父母先后去世。

1934年（22岁）

前清举人、前众兼院议员何铨绳先生为父亲关籍农题写墓碑：“中华民国二十三年一月吉日，关公讳上尚号籍农之墓，前众兼院议员清举人何铨绳题。”

1935年（23岁）

与李淑真（后改名李小平、李秋璜）结婚。

在中山大学冒名顶替听高剑父讲课，后被免费招入春睡画院学习，由高剑父老师改名为“关山月”。

1936年（24岁）

随高剑父学画。

1937年（25岁）

因任教的小学停办而失业，遂专心跟高剑父学画，夫人则到顺德做小学代课老师。

1938年（26岁）

广州沦陷前与高剑父、司徒奇等到四会写生，创作《南瓜》联屏。广州沦陷后，高剑父返回广州又转往澳门。学生为寻师从四会出走回广州，由广州湾（现广东湛江）抵香港再转澳门，与高剑父等住在澳门普济禅院习画。与夫人在战乱中失散。

1939年（27岁）

寄住澳门普济禅院，创作了一系列抗日题材的作品《从城市撤退》《游击队之家》等。

1940年（28岁）

在澳门复旦中学举办首次个人抗战画展，得叶浅予、张光宇等赞赏，并应邀至香港公展，后回到韶关举办国内第一次个人抗战画展。《渔民之劫》等四幅作品参加苏联主办的“中国美术展览”。在桂林举办“关山月画展”，结识夏衍、欧阳予倩、黄新波、余所亚等。

1941年（29岁）

完成《漓江百里图》长卷。在桂林举办“桂林写生画展”，到贵阳、重庆举办“关山月抗战画展”。

接受陶行知邀请前往育才中学讲学。到四川嘉陵江、青城山、峨眉山等地写生，在桂林与夫人团聚，到贵州花溪写生，在桂林举办写生作品展。

1942年（30岁）

到贵阳、昆明、重庆举办画展，徐悲鸿来观展。结识老舍、赵望云、傅抱石、黄君璧等。

在成都住法比瑞同学会，与马思聪、吴作人、庞薰琹、刘开渠为邻，举办“关山月画展”，张大千到场参观并购画。

1943年（31岁）

夫妇二人与赵望云、张振铎向西北出发，先到西安举办画展，经兰州，沿河西走廊深入祁连山再到敦煌，结识常书鸿。在夫人的协助下，用一个多月时间临摹了80余幅敦煌壁画。

冬，离开敦煌，到青海体验生活，创作了一批具西北风情的作品。

1944年（32岁）

在重庆举办“西北纪游画展”。

1945年（33岁）

与赵望云、张振铎在重庆举办“西北写生画展”。在成都举办“西南、西北写生和敦煌壁画临摹作品展”。抗战胜利后返回广州。

1946年（34岁）

在广东文献馆展出“关山月西南、西北纪游画展”。任教于广州南中美术专科学校。《祁连放牧》代表中国参加联合国在巴黎举行的教育展览。

1947年（35岁）

夏，赴南洋写生。

1948年（36岁）

任广州市立艺术专科学校教授兼中国画科主任。当选中华全国美术协会理事。与高剑父、陈树人、黎葛民、赵少昂、杨善深等组织“今社”。“高剑父、陈树人、赵少昂、黎葛民、关山月、杨善深六人联展”先后在广州中山图书馆和香港圣约翰堂展出。暑假，赴上海举办“关山月西南、西北纪游画展”，并出版《关山月纪游画集（第一辑）·西南、西北旅行写生选》《关山月纪游画集（第二辑）·南洋旅行写生选》。

1949年（37岁）

参加“反饥饿、反迫害、反内战”斗争，因遭恐吓而逃亡香港，加入香港“人间画会”。在香港报纸上发表反映香港平民生活百态的速写和漫画。还绘制了黄谷柳著作《虾球传·山长水远》的连环画。被选为全国第一次文代会代表，但因交通受阻未能赴北平出席，作品《春耕》参加大会举办的“艺术作品展览会”。参加由人间画会在六国饭店举行的“庆祝中华人民共和国成立暨华南解放大会”。

11月，与张光宇、王琦、黄新波等，带着集体绘制的《中国人民站起来了》的巨幅毛泽东主席像，从香港九龙回到广州，与广州军管会同志一起把画像悬挂在广州爱群大厦外墙，欢庆广州的解放。返回广州市立艺术专科学校工作。

1950年（38岁）

被任命为华南人民文学艺术学院美术部副部长、华南文联委员、全国美协常委。

11月，带学生赴广东宝安县参加土改运动。

1951年（39岁）

土改期间，任宝安县人民法庭副庭长、云浮县人民法庭副庭长。

1952年（40岁）

继续参加土改工作队工作，继续任云浮县人民法庭副庭长。

1953年（41岁）

创作连环画《欧秀妹义擒匪夫》等。

秋，土改运动结束回校，带学生到阳江闸坡渔港写生。

9月，全家随校迁往湖北武汉，被任命为中南美术专科学校副校长。

1954年（42岁）

中南美专附中正式成立，兼首任校长。带学生到广东阳江海陵岛、闸坡写生。

夏，参加武汉抗洪防汛斗争，画了不少速写。

1955年（43岁）

参加中国人民春节慰问团赴朝鲜慰问中国人民志愿军，并进行写生。

《新开发的公路》入选“第二届全国美术作品展”，并由国家文化部收藏。被选为全国文联委员、湖北省文联副主席。

上学期，带学生到河南信阳南湾水库工地劳动写生。

5月，到北京参加中国美术家协会第一届理事会第二次会议。

1956年（44岁）

任中南美专彩墨画系系主任，被中共湖北省委批准为三级教授。加入中国共产党。

7月，作品《问路》《和平保卫者》入选“第二届全国国画展”。作品《一天的战果》，获“湖北省美术作品展”一等奖。

8月至9月，与西安美专副校长刘蒙天赴波兰访问写生，回国后北京举办“关山月、刘蒙天访问波兰写生展”。

1957年（45岁）

出席文化部艺术教育司召开的艺术教育工作会议，并在会上提出美术院校应建立中国画系的建议。参观鄂北山区农田水利建设，历时半个月，后创作《山村跃进图》《山乡冬忙图》。

1958年（46岁）

全家随中南美专由武汉搬迁广州，中南美专改名为广州美术学院，被任命为副院长兼中国画系主任。作品《山村跃进图》参加在莫斯科举办的“社会主义国家造型艺术展览”。

11月，受国家委派前往欧洲主持“中国近百年绘画展览”。

1959年（47岁）

接到北京通知，4月底结束欧洲之行归国。

5月初，到北京与傅抱石合作巨幅作品《江山如此多娇》，并由毛泽东主席题写画名，作品于国庆前夕悬挂在北京人民大会堂。

被中共广东省委任命为“广州国画院筹备委员会”副主任委员。

1960年（48岁）

带领广州美术学院中国画系师生到广东湛江堵海工地劳动三个月，集体创作了大型国画作品《向海洋宣战》。

出席中国美协第二次代表大会和全国第三次文艺工作者代表大会，被选为中国美协常务理事。被授予“广东省文教战线社会主义建设先进工作者”称号。

1961年（49岁）

被选为广州美术学院党委委员。当选广东省文联常委、中国美术家协会广东分会副主席。与傅抱石到东北三省写生三个月，中央新闻纪录电影制片厂为此拍摄了纪录片《画中山水》。

1962年（50岁）

被中共广东省委任命为广东画院副院长。上学期，带学生到广东潮汕地区写生。后又赴井冈山、瑞金等地写生。

1963年（51岁）

被选为全国人大代表。被文化部批准为二级教授。辽宁美术出版社出版《傅抱石、关山月东北写生画选》。

1964年（52岁）

与黄新波、方人定、余本应邀到山西写生，创作《春到雁门》。岭南美术出版社出版《关山月作品选集》。日本著名美术评论家宫川寅雄访问中国，到家中做客。

12月，到北京出席第三届全国人大一次会议。

1965年（53岁）

为从化广东温泉宾馆松园一号楼作画《毛主席咏梅词意图》。

秋，被派往广东阳春县春湾公社参加“四清”运动。

1966年（54岁）

7月，“文化大革命”运动开始，被“红卫兵”从阳春“请”回学校，被押进“牛棚”。

1967年（55岁）

继续被关在设于广州美术学院雕塑室内的“牛棚”。

1968年（56岁）

全校教师到三水县的广东省“五七”干校劳动改造。

1969年（57岁）

在干校召开的“落实对敌斗争政策宣判大会”上，被宣布开除党籍，但本人坚决不肯签字。

1970年（58岁）

被安排独自去放牛达八个月之久。

1971年（59岁）

被调到广东英德县文艺“五七”干校，随着政策的落实，恢复党籍。由周恩来总理点名，从“五七”干校被“解放”出来，会见日本著名美术评论家宫川寅雄。后分配到广东省文化局文艺创作室任副主任。

1972年（60岁）

受外交部委托，到北京为中国驻外使馆作画四个月。

1973年（61岁）

到电白等地体验生活，搜集素材，创作《绿色长城》。该画入选国务院文化组主办的“全国连环画、中国画展览”，被中国美术馆收藏。后又画了第二张《绿色长城》，现藏于深圳关山月美术馆。

1974年（62岁）

应广东迎宾馆之邀，画第三幅《绿色长城》。到新疆体验生活，为乌鲁木齐机场作画《天山牧歌》。另画一幅《天山牧歌》（现藏于中国驻法国大使馆）与《俏不争春》，入选庆祝中华人民共和国成立二十五周年“全国美术作品展览”。作品《山村任点装》入选“广东美术作品展览”。为联合国中国厅创作《报春图》。

11月，被中共广东省委任命为广东省文化局副局长，但表示不愿担当，仍留在创作室工作。

12月，率中国美术代表团访问越南。

1975年（63岁）

到北京出席第四届全国人大一次会议。到湖南、上海、江浙等地写生。创作《油龙出海》《晨练》等作品。为广东迎宾馆创作《报春图》。

1976年（64岁）

随中国文化代表团赴日本参加日中文化交流协会成立二十周年的庆祝活动。

1977年（65岁）

接受北京毛主席纪念堂创作任务，与黎雄才等到井冈山、延安等地写生，创作《革命摇篮井冈山》悬挂于北京毛主席纪念堂，《井冈山颂》被广东省博物馆收藏。被文化部评为先进工作者。被中共广东省委任命兼任广东画院院长。

1978年（66岁）

到北京出席第五届全国人大一次会议，并当选主席团成员。

与黎雄才等重访青海、敦煌，出阳关，游长江三峡。

作品《井冈山》获“广东省美术作品展”二等奖。

1979年（67岁）

到北京出席第五届全国人大二次会议。出席中国美术家协会第三次会员代表大会，当选中国美协副主席。

与黎雄才合作的《岁寒图》在香港展出，获得稿酬港币四万元，全部捐赠给广东省儿童福利会。

《关山月画集》由广东人民出版社出版。

1980年（68岁）

当选广东省文联副主席、广东省美术家协会主席。被广州美术学院学术委员会特聘为顾问。作品《山河在欢笑》参加 “第四届全国美术作品展”，获三等奖，并被中国美术馆收藏。

5月底，应邀和黎雄才等赴香港作“文革”后的首次访问。

7月，与广东画院画家到广东肇庆鼎湖山写生，住庆云寺，创作《鼎湖组画》。完成长卷《江峡图卷》。

8月，赴北京出席第五届全国人大三次会议，为中国人民革命军事博物馆作大画《迎客松》。“关山月画展”先后在北京中国美术馆和长沙湖南展览馆展出。

1981年（69岁）

“关山月画展”先后在广州和成都展出。与黎雄才合作的《松梅图》，获得稿酬港币三万六千元，全部捐赠给广州市儿童福利会。被香港中文大学聘为学位考试委员会校外委员，并赴港参加评委工作。义卖作品所得港币60万元全部捐给香港培侨中学。后又赴澳门重访普济禅院。

6月，带领广东画院全体画家到南湖进行创作活动。创作《长河颂》和《风雨千秋泰岳松》参加全国美术作品展，《长河颂》获“广东省美术作品展”二等奖。应邀为新加坡中国银行创作大画《江南塞北天边雁》。

11月，赴北京参加第五届全国人大四次会议。被聘为北京中国画研究院院务委员。

1982年（70岁）

出席广东省职工先进工作者代表大会。中国邮政发行关山月《梅花》邮票。

10月，受国家委派赴日本访问，为庆贺中日邦交十周年，东京高岛屋画廊举办“中国画坛的巨匠——关山月画展”，并出版《关山月画展》画册。

11月，到北京出席第五届全国人大五次会议。

1983年（71岁）

3月，日本《读卖新闻》的《世界名画》栏目整版发表关山月作品《俏不争春》。应邀赴香港参加“赵少昂、黎雄才、关山月、杨善深四人合作画展”。

6月，赴北京出席第六届全国人大一次会议，当选主席团成员。作品《黄洋界英雄径》赠胡耀邦总书记。作品《鼎湖组画》获“广东鲁迅文艺奖”一等奖，所获奖金转赠家乡阳江母校关村小学。

10月，赴海南岛写生，创作《碧浪涌南天》等作品。

1984年（72岁）

率中国美术家代表团赴朝鲜访问。

10月，夫妇二人应邀赴美国讲学、访问。作品《碧浪涌南天》参加“第六届全国美术作品展”获荣誉奖，并被中国美术馆收藏。

1985年（73岁）

被中共广东省委任命为广东画院院长。随广州诗社代表团访问泰国和新加坡。

3月，到北京出席第六届全国人大三次会议。出席中国美术家协会第四次会员代表大会，被选为中国美术家协会副主席。

与黎雄才夫妇应邀赴澳大利亚访问，在悉尼美术馆举办“关山月、黎雄才画展”。

1986年（74岁）

到北京出席第六届全国人大四次会议。

5月，参加香港中文大学主办的“当代中国绘画研讨会”，并作《试论岭南画派和中国画的创新》发言。

9月，应邀到新加坡国家博物馆举办画展。

1987年（75岁）

到北京出席第六届全国人大五次会议。为北京人民大会堂东大厅作大画《国香赞》。当选为中共十三大代表，并赴北京参加中共十三大。

12月，参加岭南画派纪念馆奠基典礼，“赵少昂、黎雄才、关山月、杨善深四人合作画”获“广东省鲁迅文艺奖”特别奖，奖金全部捐赠给岭南画派纪念馆基金会。美国加州州立大学授予关山月“荣誉艺术大师”称号。

1988年（76岁）

3月，赴北京出席第七届全国人大一次会议，并当选主席团成员。

5月，与广东画院画家到广东南昆山写生，创作《在山泉水清》。

9月，陪同新加坡总理李光耀参观广东画院，并赠其扇面画《梅花》一幅。

10月，在广东画院举办“关山月近作展”。接受印度电视台采访，拍摄纪录片。

应邀参与摄制由珠江电影制片公司王为一先生导演的《关山月的画与话》电视纪录片。

1989年（77岁）

到北京参加第七届全国人大二次会议。应邀为北京天安门城楼中央大厅作画《大地回春》。为武汉黄鹤楼重建落成撰写对联，被刻成木联挂在黄鹤楼门口。创作长卷《乡土情》《榕荫曲》《巨榕红棉赞》。

1990年（78岁）

任广东画院名誉院长。到北京参加第七届全国人大三次会议。

5月，随“中国国际友好联络会著名画家访日团”访问日本。

到广东阳春县写生，为阳春县人民政府作大画《梅花香自苦寒来》。作品《国香赞》获“广东省庆祝建国40周年美术作品展”优秀作品一等奖。

10月，与夫人、女儿应邀赴美国旧金山参加南海艺术中心落成典礼活动，赠送作品《红梅图》。并到加州等地写生。回国后，捐稿费给广州美术学院，设立“关山月中国画教学基金”。

1991年（79岁）

应邀到美国纽约举办“关山月旅美写生画展”，并出版《关山月旅美画集》。展后，将全部收入捐给中国美术家协会，设立“关山月中国画创作奖励基金”。

6月，广州岭南画派纪念馆落成，被中共广东省委宣传部任命为岭南画派纪念馆董事会董事长。与赵少昂、黎雄才、杨善深的83幅四人合作画，捐赠给岭南画派纪念馆收藏。被评为广东省劳动模范。台湾省立美术馆举办“关山月八十回顾展”，并出版画册。重游漓江，创作《漓江百里春》。为资助江苏和安徽遭受水灾的灾区人民，将义卖作品所得人民币50万元和港币35万元全部捐赠灾区。

10月，由广东省文联、广东省美协等单位联合主办“关山月从艺六十周年学术研讨会”。并由岭南美术出版社出版《万里行踪——关山月写生选集（第一辑）·革命圣地》《关山月八十年代作品集》。

1992年（80岁）

3月，与女儿关怡、青年画家邓子敬等赴西沙群岛慰问驻岛部队并写生，创作《云龙卧海疆》。到北京参加第七届全国人大五次会议。重阳节，返故乡阳江参加风筝节活动和“关山月、黄云、苏天赐美术书法展览”开幕式。

岭南美术出版社陆续出版《万里行踪——关山月写生选集》第二辑至第四辑（全套共四辑五册）。

先后在岭南画派纪念馆和香港沙田大会堂举办“关山月近作展”。被选为广东省国际文化交流中心副理事长。

1993年（81岁）

到北京参加第八届全国人大一次会议，并当选主席团成员。

5月，与广东画院画家赴福建画院举办“广东画院作品展”，畅游武夷山。回来后创作《漂游伴水声》。

7月，赴澳门参加“广州美术学院、广东画院、广州画院花鸟作品汇展”开幕式。被广州美术学院授予终身教授。

10月，赴北京参加“纪念毛泽东同志诞辰100周年百名书画家笔会”活动。

11月26日，夫人李秋璜不幸病逝，当夜写诗两首哀悼爱妻。并含泪写下六个大字“敦煌烛光长明”，放在爱妻的灵前。

1994年（82岁）

3月，到北京参加第八届全国人大二次会议。先后在中国美术馆和陕西美术馆举办“关山月近作展”。并前往黄河壶口、秦岭写生。回广州后创作《壶口观瀑》等作品。为北京中南海紫光阁创作大画《轻舟已过万重山》。

1995年（83岁）

赴深圳参加关山月美术馆奠基仪式。到北京参加第八届全国人大三次会议。

5月，应北京侨联和广东省侨办之邀，与女儿前往印度尼西亚访问。

为全国政协礼堂作大画《黄河颂》。捐赠作品《一笑千家暖》给广州市青年发展基金会。为广州市筹集教育基金而捐赠中堂画《清香系国魂》和书法对联。

先后在广州和深圳举办“纪念抗战胜利50周年——关山月前瞻回顾作品展”。

1996年（84岁）

赴北京出席第八届全国人大四次会议。人民出版社出版《中国近现代名家画集·关山月》。岭南美术出版社出版《岭南画丛书·关山月》。

应邀赴澳门举办“纪念抗战胜利50周年——关山月前瞻回顾作品展览”。

12月，到北京参加全国第六次文学艺术界代表大会，当选全国文联荣誉委员。

1997年（85岁）

到北京出席第八届全国人大五次会议。向香港特区行政区长官办公室赠送画作《回春图》和书法《牛年回春颂》。

6月，“关山月美术馆”在深圳落成，同时举办“关山月捐赠作品展”和研讨会。出版《关山月作品集》《关山月研究》《关山月诗选》《关山月传》《国画大师关山月》《关山月美术馆研讨会笔谈文集》。关山月美术馆举办“山河颂——关山月作品展”和“关山月写生画展”。关山月向广东美术馆捐赠代表作品5幅。向岭南画派纪念馆捐赠作品145幅，并举办“关山月先生捐赠作品展”。赴加拿大主持“中国20世纪名家国画展”。

1998年（86岁）

为北京中南海瀛台迎薰亭正厅创作大型国画《源流颂》。赴湖南张家界写生，创作《张家界》长卷两幅。向家乡阳江捐资修建麻濠桥和新河桥。

6月，赴香港参加“庆祝香港回归一周年暨集古斋开业40周年·关山月书画作品展”。赴北京参加中国美术家协会第五次全国代表大会，赠作品《红梅雪俏报春》给抗洪部队，由中央军委派代表接收。

12月，向广州市人民政府捐赠作品105幅，藏于广州艺术博物院关山月艺术馆，并举办“关山月捐赠作品展”。回故乡阳江参加关村小学建校76周年暨“关山月教学楼”落成典礼。

1999年（87岁）

赴马来西亚访问写生，创作《绿洲林海荫人间》。

先后在中国美术馆、上海图书馆举办“关山月近作展”、上海刘海粟美术馆举办“关山月中国画展”。在广东美术馆举办“关山月新作展”，并出版《关山月新作选集》。在深圳关山月美术馆举办“关山月先生学术专题系列·洲际行——关山月海外风情展”。

8月，赴云南采风，经丽江、中甸，深入藏区写生。先后赴澳门、香港参加“纪念高剑父诞辰120周年活动”。

2000年（88岁）

先后在深圳关山月美术馆和广州岭南画派纪念馆举办“迎新春——黎雄才、关山月画展”。

4月，由中国美术家协会主办，在中国美术馆举办“关山月梅花艺术展”，并宣布成立关山月艺术研究会。海南出版社出版大型画集《天香赞——关山月梅花选集》。

5月1日，登上泰山写生。11日，“关山月梅花艺术展”在岭南画派纪念馆开幕。14日，赴澳门参加“广东画院建院40周年中国画邀请展”开幕式。应邀为广州市的文化旧址“状元坊”题写新牌坊。

6月25日，“关山月梅花艺术展”在深圳关山月美术馆开幕。30日，因身体不适，夜间送广州医学院附二院急诊抢救。

7月3日，于广州逝世，享年88岁。

2006年

作品《绿色长城》被广东省委宣传部、广东省文联及广东省美术家协会共同举办的“广东美协50年50经典作品”评选活动评为经典作品之一。

2008年

“关山月连环画作品《虾球传·山长水远》原作展”在深圳市关山月美术馆展出。

“岭南画派大师关山月作品展”在东莞岭南美术馆展出。

2009年

“异域行旅——关山月国外写生专题展”，在深圳关山月美术馆展出。

2010年

“江山如此多娇——关山月画展”在武汉美术馆展出。

“生生不息——关山月写生作品展”在广东画院展出。

2011年

“笔墨当随时代——岭南画派大师关山月生平陈列展”在深圳关山月美术馆开幕。

关坚、卢婉仪主编的《山影月迹——关山月图传》由岭南美术出版社出版。

2012年

中华人民共和国文化部、广东省委宣传部等单位联合举办了“纪念关山月诞辰100周年”系列活动，关山月故居得到拨款重修，广东省领导为“关山月故居”牌匾（叶选平题写）揭幕。

系列活动期间，“山月丹青——纪念关山月诞辰100周年艺术展”分别在深圳关山月美术馆、广州美术学院美术馆、北京中国美术馆巡回展出。“关山月与20世纪中国美术——纪念关山月诞辰100周年”国际艺术研讨会在北京中国美术馆举行并出版文集。关山月美术馆编《关山月全集》由海天出版社、广西美术出版社联合出版。

2013年

由关山月之女关怡发起成立广东省关山月艺术基金会。

2014年

文化部2014年全国美术馆馆藏精品展出季系列活动之一“南风北采——关山月北京写生专题展”，分别在北京画院美术馆、深圳关山月美术馆展出。

广东省关山月艺术基金会理事长关怡设立“关山月学术奖”。

卢婉仪编著的《关山月诗集初编》由岭南美术出版社出版。

2015年

文化部2015年全国美术馆馆藏精品展出季系列活动之一“仇情借笔左镆铘——纪念抗日战争胜利70周年馆藏关山月抗战主题作品展”在深圳关山月美术馆展出。

首届“关山月学术奖”颁奖典礼暨广州美术学院第二届“艺术与人文”研究生论坛在广州举办。

关山月之女、广东省关山月艺术基金会理事长关怡所著的《挥笔颂山河——关山月小传》由岭南美术出版社出版。

2016年

中央电视台制作《百年巨匠》系列纪录片，摄制《百年巨匠——关山月》专辑。

2017年

10月31日“关山无限——纪念关山月诞辰105周年作品展”在北京中国国家博物馆开幕。

关山月被“其命惟新——广东美术百年大展”学术委员会特别评选为广东美术百年史上的21位已故大家之一。

文化部2017年全国美术馆馆藏精品展出季系列活动之一、庆祝香港回归祖国二十周年&关山月美术馆建馆二十周年系列学术展之一：“关山月和他的时代：二十世纪山水画研究展”在深圳关山月美术馆展出。

“只研朱墨写乡风——关山月笔下的岭南风物展”在广州艺术博物院展出。

“回望岭南——纪念关山月诞辰105周年全国名家书画作品邀请展”在关山月故乡广东阳江举行。